ロシア武術——
自他を守り、心身を開発する
打撃アート

システマを極めるストライク!

ストライカーとレシーバーのSETワークで学ぶ

ヴラディミア・ヴァシリエフ
VLADIMIR VASILIEV
スコット・メレディス
SCOTT MEREDITH
大谷桂子 訳

BAB JAPAN

目次

※本書の文中、ヴラディミア・ヴァシリエフの直接の言葉は、顔写真と共に太字で表しています。

第1章

システマ「ストライク」への3W1H
(What, Who, Why, How)

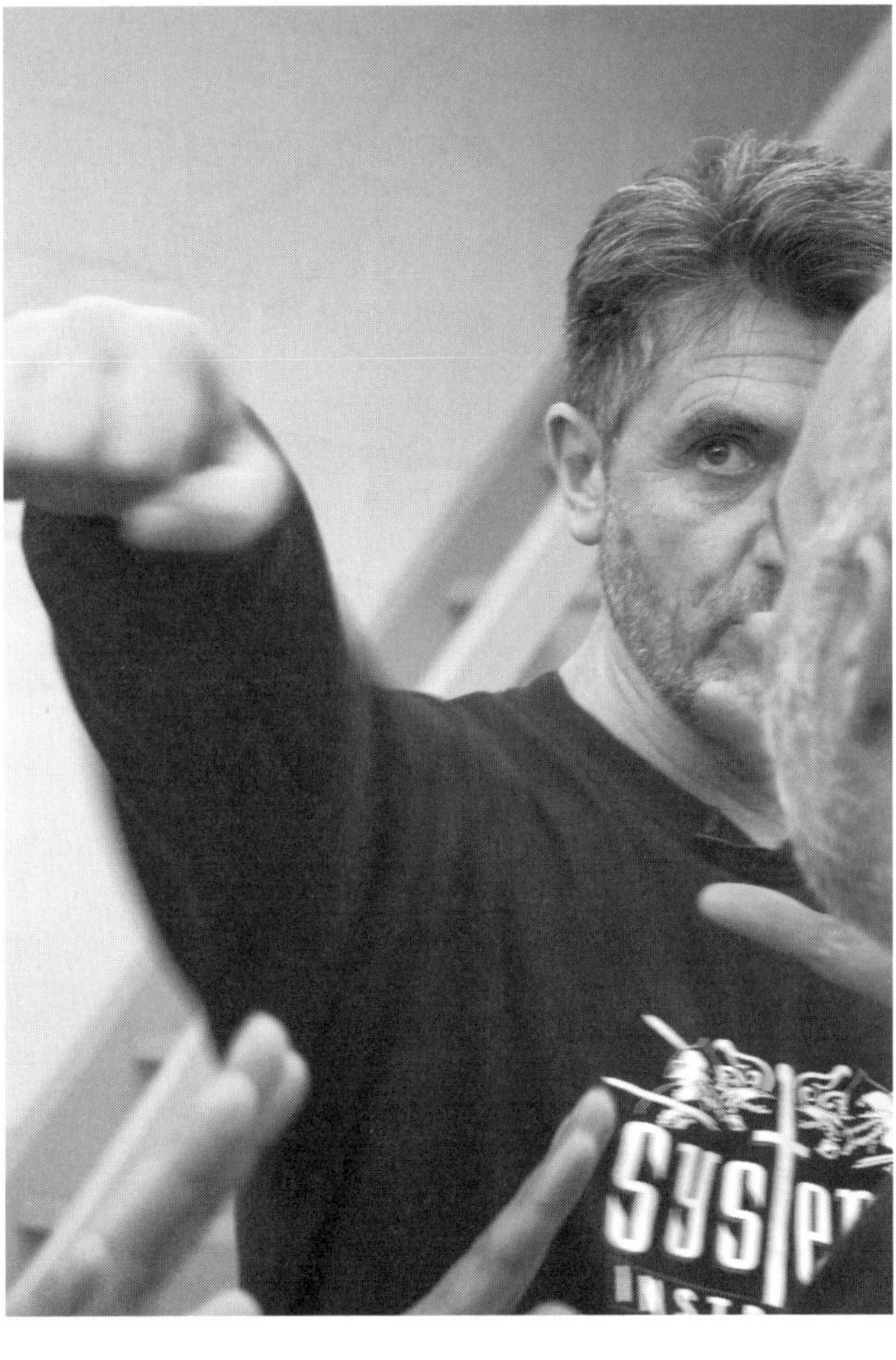

あなたがたは、今がどのような時か知っているのですから、このように行いなさい。あなたがたが眠りからさめるべき時刻がもう来ています。というのは、私たちが信じたころよりも、今は救いが私たちにもっと近づいているからです。

（ローマ人への手紙　第13章11節
新約聖書メッセージ）

■目的（What）

本書は、ロシアの武術システマについて、その極めて重要なスキルの一つ「ストライク」に焦点を当てて紹介する。システマストライクの特徴は、**あらゆるツールを駆使してターゲットに破壊的な効果をもたらす**ことだ。ここで言うターゲットとツールとは人間の体のあらゆる部分を指す。

私達は、システマの創始者や第一線で活躍するインストラクターが、その破壊的なストライクを様々な状況下で簡単に披露するのをしばしば目にする。静止状態、移動中、地面に伏せた状態、あるいは水中、車中、機内で、さらには体格の大きい攻撃的で熟練された武道家の集団に対してなど、その状況には限りがない。武道家ならば是が非でも手に入れたいスキルである。読者の方々はその夢への鍵を今握ったところだ。

どうしてストライクが重要なのか。テクノロジーを考えてみよう。**ホログラム**とはレーザーで生成された立体画像である。**ホログラムを半分にカットすると、カットされたそれぞれの層にオリジナルのイメージ全体が映し出される**。実際、ホログラムはいくつもの小さな断片に分けることができるが、その一つ一つには全体像が保たれている。

同様にストライクはシステマ全体の一部に過ぎないが、このスキルを習得することはシステマ全体のスキル習得に繋がる。システマには軍隊のチームワークの強化、組織トップの護衛、移動中の拳銃の使い方、ナイフや鎖攻撃に対する防御方法、水中での戦い方、カージャックからの脱出法、群衆のコントロール法や健康、若返り方法など色々な習得要素があるが、これらは本書のテーマではない。しかし、ここで紹介するストライクは、これらのスキルの核であることが分かるだろう。

さて、読者の方々はこの教えが複雑であって欲しいと願うだろうか。あるいは**シンプル**であることを望むだろうか。テクニックやメカニクスを一つ一つレベル毎に習い、概念を示す複雑な図を参照しながら学びたいだろうか。あるいは、そういったものをすべて省いてスパッと簡潔にまとめて欲しいだろうか。両方のアプローチとも良い点はある。現代の技術文化を背景に生きる私達は、難解な情報を追求する傾向がある。情報が**多ければ多いほど良し**とする傾向もある一方で、**重要でなければ取り除け**という叡智もある。

理想はその両者をバランスよく健全に取り入れることだろう。本書ではシステマのストライクの基本原則を全て紹介する。そしてトレーニング方法から実践、さらに、ストライクのスキルを幅広い武術全般へ融合し拡大する最良の方法を明確に説明しよう。ストライク獲得のための基礎作りは人生を豊かなものへと導いてもくれるだろう。

同時に過度な詳細については省略しようと思う。システマの教えは自分自身の健康、心のありよう、精神性、サバイバル術、身体の開発方法や自己及び他者の生命・身体を守るといった問題に取り組むことにある。本書はその全体象ではなくストライクにのみ焦点を当てているが、ストライクにかける熱意は冒険的だと言えよう。ストライクという狭いトピックを鉄梃としてシステマアート全体の蓋をこじ開けようと思う。

■システマの要人(Who)

『Let Every Breath: Secrets of the Russian

Breath Masters』の出版以来、10年にわたりロシアの伝統武術システマ（システム）は全世界のあらゆる武道で構成される色彩豊かなつづれ織りの中で傑出した一本のより糸となっている。１９９３年、カナダにトロント市拠点の本部が立ち上がると、瞬く間にローカルの武道愛好家の間で火がつき、今やシステマは世界で広く認められ尊敬の念を持って見られるようになった。その爆発的な広まりにより出版物をはじめ、新しく誕生した何百人ものインストラクター達によるＤＶＤ、インターネット上のビデオやウェブサイトや斬新なプログラムなど、システマ習得のための材料が毎日のように勢いよく世に出ている。

かつてないほどの華々しい人気を得たこのアートの中心には、秘められた聖域がある。アートの前面と中央に構える二人の要人だ。彼らは日夜、システマの技術を磨き続けている。ロシア在住のミカエル・リャブコとカナダ在住のヴラディミア・ヴァシリエフだ。

ミカエル・リャブコは現代のシステマとその起源との直接的な架け橋となる重要人物であり、ヴラディミア・ヴァシリエフは彼のナンバーワンの生徒であると同時に、現代のシステマの創設メンバーの一人である。初期のビデオで見られるヴラディミアの目を奪われるパフォーマンスが引き金となってシステマ人気が起こり、それ以来、西洋において爆発的な広がりを見せている。

本書はヴラディミア・ヴァシリエフの教えを紹介するものである。何世紀にもわたって築かれたロシアの武術と精神的伝統、何十年ものソビエト研究、ミカエル・リャブコが崇高に体系化した現代システマ、そしてあらゆる局面を通してヴラディミア自身が体験した対人衝突、葛藤から得た知識すべてを結集し統合した彼独自の教えを紹介するものである。

今や世界中で開催されるセミナーで、あるいは個人的直接対決でヴラディミアのこの上ない格闘スキルを多くの人が見聞きしている。少なくとも何十万人の武道家達が彼のビデオを見ているはずだ。

システマのパンチを知るにはボクシングとの比較が面白い。ヘビー級のボクサー、ロッキー・マルシアノ（49戦無敗）は、唯一この階級で負けなしのボクサーであり、彼のパンチは最強だと言われている。ヘビー級のあるボクサーがマルシアノとの戦いの後でこう言った。「ロッキーのパンチを食らうと体中がしびれを起こす」さらにもう一人は「彼のパンチは傍目には軽い小突きのようにしか見えないが、それを食らうと足まで震える」と。ヴラディミアのパンチを体験した人は、これらの証言が手に取るように分かるだろう。ヴラディミアのストライクには同等のパワーがある。

だが、ボクシングとシステマの類似点はここまでだ。システマの原則、鍛錬方法やシステマパワーを駆使する目的はボクシングのそれとは正反対のものだ。

格闘技は破壊的である。試合の後は勝者と敗者の両方が身体的かつ精神的なダメージを受ける。顔、頭は腫れ上がり、しばしば完治不可能な傷を負う。プライドが傷つき恥もさらす。一方、ミカエルとヴラディミアが教えるパワーとは癒しや活力を軸とし、ファイトシーンでも最小限のパワーを使うことを信条とする。システマは日々の鍛錬を通して自分自身を理解し、他者を尊重することを教える。

その究極の教えは、平和、慈愛、相互理解である。ではなぜヴラディミアは、観戦者に畏怖の念を起こさせるほど強烈なストライクのデモをするのか。それは**観戦者の注意を惹くため**だ。彼のパンチはどんなタフな男達でも振り向かせ、注意を払わせる強さと魅力がある。

そのパンチは単に杭打ち的な荒々しい強さではない。親しみやすくホッとするような雰囲気を醸し出しながら、いきなりパンチが飛んでくる。また彼の動きには狡猾さがある。物理学のハイゼンベルク不確定性原理によれば、電子の速度と位置を観察するのは不可能。格闘モードに入るとヴラディミアは、**決して一箇所に**

留まることはない。彼は正に電子である。あらゆる物を使って相手を攻める。素人の目には甚だ武器になるとは考え難い物でも、ヴラディミアの手に掛かれば即武器となる。さらにニュートンもアインシュタインも、どんな物理学論が認める時間よりも早いインターバルであらゆる方向、次元からパンチが矢継ぎ早に飛んでくる。

秀でた知能は七種類あると言われる。数学的知能、言語知能、音楽的知能、身体的知能などだ。七種類の知能があるならば、七種類の天才が存在する。**ヴラディミアは 身体能力における天才だ**。空間能力、タイミング、創造性豊かでフリーな動きはどんなファイターにも勝る。彼は超人的能力を持つ次世代の改良人間とも言えるだろう。しかし、システマは全てナチュラルで人工的な添加物など全くないのだ。このパズルを本書で何とか解き明かしてみようと思う。

私が取り組みたいミステリースポットは、ヴラディミアの超人的な武術の源だ。そして普通の人間はどのようにしたら彼の複製になれるかを突き詰めたい。複製という言葉に異議を唱えたい読者もいるだろう。結論から言えば、システマは流動性を持つ万人のアートである。カスタマイズはどのようにでもできる。彼の魂の奥深くまで入り込みそのエッセンスを吸収したら、それを自分の物として独自のやり方で表現すれば良い。誰かの真似には決してならない。

武道家がなぜシステマを始めるのか。ヴラディミアのデモを見て愕然とし、刺激を受けたからだ、という理由が多いと思う。ヴラディミアはリクエストがあればいつでも誰にでもその限りない技を快く見せてくれる。システマ道をどんなに高く上りつめたとしても、ヴラディミアのレベルには決して近づけないだろう。それでも私達は上ってみたいと考える。

■なぜシステマを極めるのか(Why)

なぜ、高みを極めたいと思うのだろうか。システマの恩恵は最初のレッスンで受けられる。マスターする必要などないではないか。訓練で習うスキルや属性は初日から吸収可能であり、それらは生涯を通じて制限なく深め維持することができる。健康な呼吸法を心がけ、自然な動き穏やかで研ぎすまされた注意力を磨き、自信に満ちた自己防衛能力の向上に努めれば良い。それで十分ではないか。

しかし私達人間はパワー、スキル、天才に魅了されずにはいられない。自然なことだ。手の届かないスターに憧れるのだ。本書のトピックは**ストライク**。精密かつ完璧なタイミングで闘争相手や治療対象者に対して圧力を与える身体的能力だが、それをマスターするにはどうすればいいのかという点を深く追求したい。ヴラディミアの天才的技能のエッセンスを探ってみたい。ヴ目が釘付けになり、頭が真っ白になり、ハートが持っていかれてしまう彼の技能を。

ここで自己紹介をさせていただこう。私はスコット・メレディス。至って平均的なシステマの古い生徒である。ヴラディミアから彼が考えるストライクの本質について本にまとめたいので協力してほしいと頼まれた。その名誉に応えたく、責任の重さを痛感しながら承諾させていただいた。私は12歳の頃から色々な武道を習っているが、どれもマスターのレベルではない。現在のシステマ人口を見て自分を平均的だと言うのも恐れ多い。ヴラディミアはプロの兵士や国家の格闘家を教えている。彼のクラスには警官、組織トップを護衛する警備官、元戦闘員、熟練の武道家達が生徒として参加している。私などはとても敵う相手ではない。

しかし執筆の協力を依頼され、承諾したのである。本書を書くことが私の仕事となった。武道家として、技術面での分析家として欠点もあろうが、それは私が尊敬してやまないヴラディミアと彼のアートに対する熱意が補ってくれるものと信じている。

私はこれまで40年にわたり様々な武道の巨匠に師事し、その訓練方法を体験してきた。ボクサー、格闘家、相撲のチャンピオンなど、想像しうる限りのあらゆる武道で世界に名を馳せた武道のエリート達とスパーリング、ローリング、パンチ、プッシュ、スリップ、ダッジ、ホールド、チョークの練習をする機会に恵まれた。しかしファイターとして、さらに人としてヴラディミアに匹敵する武道家はいない。初めてヴラディミアに会った時、私はそれまでの40年間の武道歴を無にしなければならなかった。それ以来、彼から懇切丁寧な指導を受け、40年の武道歴を刷新しているところである。指導をいただく度に、彼の格闘のスキルの一つ一つに今もなお衝撃を受け続けている。

アートそのものとそのマスターとは同一かそれとも違いがあるのか、ダンスとダンサーの違いをどのように見分けることができるだろうか。武道家なら誰しも考えることがあろう。何が**自然**から生まれ、何が**養成**を通して生まれるのか。

ヴラディミアのレベルに到達するには３００年に一

『Let Every Breath』の共著者（ヴラディミア・ヴァシリエフ、スコット・メレディス）による、耐久性、回復力、メンタル面の訓練（2002 年）。

人の逸材でなければならないか。正直、**そうかもしれない**。そして彼のレベルの専門技能をマスターするには、ソビエト連邦時代のトップレベルの工作員達が受けたような非人間的拷問とも言うべきトレーニングを積まなければならないか。**おそらくそうかもしれない**。

ヴラディミアは、謙虚かつ与えられた教えに一途に専念すれば自分が信じる限界を超えられると言う。ヴラディミアは完璧なタイミングとレーザー光線並の緻密さで狂人的パワーを発揮する。誰もが憧れ、習得したい技術である。現在のスキルがどのレベルであろうとも、本書を読んでいただければその習得は可能であると信じている。

誰にでも可能性はある。生まれたての虎の子は猫と代わり映えがしないが、後にその違いが分かる。志を高く持とう。本書を通して、虎の子から成熟した武道家に成長できることを大いに期待する。私の願いは、どこまでも深く驚きの連続でありながら至極実践的で究極に精神的なヴラディミアの教えが、読者にとって刺激的であり同時に模倣可能であることだ。

■本書の構成(How)

本書はヴラディミアのシステマの教え100パーセントをスコット・メレディスが語るというユニークな構成を取る。ヴラディミアのアートは深い。だからこそ私のような平均的な人間が、トピックや彼の教え毎に場面を設定し、私自身のシステマ経験を基に見解を交えながら解説させていただくとわかりやすいのではないかと思う。**なぜヴラディミア自身に語らせないのか**と不満を抱く方がいるかもしれない。

心配は無用だ。本書で紹介する内容は、全てヴラディミアの教えそのものである。聖書の一節を紹介しよう。

それから、イエスは神殿の境内に入り、そこで売り買いをしていた人々を皆追い出し、両替人の台や

鳩を売る者の腰掛けを倒された。そして言われた。こう書いてある。わたしの家は、祈りの家と呼ばれるべきである。ところが、あなたたちはそれを強盗の巣にしている。

境内では目の見えない人や足の不自由な人たちがそばに寄って来たので、イエスはこれらの人々をいやされた。

（マタイによる福音書　21章　12―13節）

傍点を付けた言葉（イエスの言葉）以外に何もないと考えてみよう。マタイの語りがなければとても明確で教訓的で印象的だと思わないか。だが文脈も大切なのだ。私達は多様な文化、言語、国家、コミュニケーションスタイルの中で生活している。本書の教えは、一度きりのインタビューやセミナーでの講義、あるいはビデオの記録から抽出した単なる「よくある質問と答え」ではない。

　システマストライクの教えは何年にも及ぶ真剣な議論、世界中あらゆる条件下で行われるトレーニング、何度も行き交う質問と答えを通して形成されてきた。本書の情報源は多技に渡る。私とヴラディミアとの個人的な長い関係を始め、多くの生徒からのフィードバックや質疑、私的なビデオを含めた映像、テキストの研究、さらにヴラディミア、ミカエル、他のシステマ指導者との果てしなく長い討論が基にある。これだけ深いプレゼンテーションは単なる文字の羅列ではない。

　トピック用に設定された場面や私の個人的観察を基に語るエピソードは、全てヴラディミアの不純物一つない純度１００パーセントの教えの多くを紹介するものである。ヴラディミア・ヴァシリエフ、ヴァレリー・ヴァシリエフ夫妻と私は長い時間を費やし、距離、言葉、文化の違いを克服してヴラディミアの教え全般を一冊の本にまとめた。ヴラディミアの直接の言葉は、本書を通じて基本的な教えの中に散りばめられている。彼の言葉は、彼の顔写真と一緒に太字で紹介されている。

格闘のマスターはヴラディミア。私は単なる司会者だ。ヴラディミアの何千人もの生徒達に比べれば私のスキルなどは無に等しいが、次の一節が私の心に響くのだ。

もちろん私は全く理解できない。夜、山と星に囲まれ一人たたずんでいるようなものだ。荘厳で壮大。そして太陽が昇ったら、どんな感じだろうと想像してみる。周りが明るく輝きだし全てが明確になるだろう。見えないがその美しさは感じられる。それを表現したくてたまらない。

（L・M・アルコット）

ヴラディミアは武道の世界が今後も長く続くことを願い、実践者達に驚きを与えると同時に、教育の重要性も痛感し何かを残したいと考えた。そして、核心的で細部に至るまで正確な新しい教えを、私に個人的に提供してくれた。本書はその教えを反映するものである。単刀直入に言おう。**ヴラディミアは生まれながらにしてクールな男だ。**彼に会えばすぐに分かる。それがたとえ本であろうとも**退屈することが決してない。**まるでヴラディミアと一緒にいるかのようだ。さあ、ゲーム開始だ。

第2章

ユニバーサル・ブレスワーク

― 基盤・七つの原則 ―

本書は先のシステマ本『Let Every Breath: Secrets of the Russian Breath Masters』の姉妹編として位置づけることができる。つまり『Let Every Breath』を本書の前編として、または本書の「呼吸」の章として捉えることができる。あるいは見方を180度変えて、本書を先の本の付録と見ることも可能だ。それだけブレスワーク（呼吸法）はシステマの要となるエクササイズである。いずれにせよ、本書と『Let Every Breath』は一つのユニットをなす。本書は『Let Every Breath』の代替ではない。

ブリージングはストライクを論じる上で大切な要素である。格闘に臨めば、遅かれ早かれ打たれるのは必然。どこからともなく飛んでくるパンチを受けるのは最悪だが、そんな時は呼吸を続けて回復を待つしかない。格闘では正しい呼吸法によって自滅せずに、次に襲ってくる脅威に焦点を当てられるのだ。

『Let Every Breath』が既に出版されているので、本書ではシステマの呼吸法を七つの基本にまとめるだけに留めよう。これらは『Let Every Breath』の骨子とエクササイズ全てを理解していることが必須条件である。

◎鼻と口

鼻から吸い、口から吐く。この原則は肉体的精神的な努力を要する任務を遂行中に行う。これによって自分の呼吸と体の変化が理解できる。ボクシングではスパーリング中、口を**閉じて**いた方が良いと言われる。（もちろん、相手の耳を噛みちぎる場合は別だ。）そうでないと顎が外れる、砕けるというリスクを負う。そう聞くとずっと鼻で呼吸をしなければいけないと思うだろうが、この原則を忘れてはならない。顎を閉じ**唇**から息を吐くことができるかトライしてみよう。口を閉じた状態を保つのに**力**はいらない。顎の緊張は口が開いた状態と同様に相手にとっては格好の攻撃ポイントである。創造力を高めよう。他の原則と一緒にシステマトレーニングの要となる呼吸法のエクササイズに深く取り組むと、自分の呼吸と生理状態をコントロールできるようになる。それを目標に訓練すると、顎を緊張させる必要がないことに気づく。口を閉じ気味にして息を吐いてみよう。呼吸をコントロールできるようになると、答えは自ずと出てくる。

◎**呼吸が先導**

まず呼吸をしてからアクションを取る。動き出す直前に吸うか吐くかのどちらかを行う。そうすることでエネルギーを吸収し正しいフォームが取れ、動きがスムーズになる。同時にどんな動きでもその効果が最大限に引き出される一方、怪我のリスクが小さくなる。

◎**必要な分だけ**

必要なだけ息を大きく吸う。息を吸いすぎると緊張が生じ動きが縛られる。訓練を重ねていくと、鼻の穴を小刻みに動かすだけで必要に足る分の空気を体に取り入れられるようになる。ゴールに向けての訓練のヒントを、第5章「ツール」の「実践的な選択肢としての平手打ち」で説明しよう。

◎**持続性**

特別な目的がない限り、呼吸を止めたり、中断したり、抑圧してはならない。呼吸持続の原則は、呼吸そのものよりも幅広い意味を持つ。後の章で詳しく説明しよう。

◎**振り子**

息を吸い終わってから吐き出す直前、また逆の瞬間に注意を払う。その注意力が感度を磨くのに一役買う。システマの振り子の原則は奥が深い。冷静で落ち着いた呼吸法を続けることで吸うと吐くのリズム感が養われ、激しい対決シーンを含めた様々な状況においても自分の呼吸に注意が払えるようになる。

動物は争いの直前に鳴き声やシグナルを出し合うが、その時にわずかな間が生じる。それは人間が攻撃を仕掛ける時にも起こる現象である。呼吸のリズムに注意を払いながらエクササイズすることで、その間合いは向かってくる電車のライトやサイレンのようにフラッシュするようになるだろう。この原則を甘くみてはいけない。

◎独立性

呼吸のそれぞれの局面（吸う、吐く、停止）と動きとを常にシンクロさせるとは限らない。ストライクを放つ、受ける時の息の吐き方には基本的な原則があるが鉄則ではない。システマでは状況に応じて自由に創造性に富んだ対処方法を取る。

◎力を抜く

体は常に緩めておく。リラックスしていると自由自在に速く強く動くことができ、感知能力が高くなり、独創的な動きも可能となる。

■段階式呼吸法――レベル1

今やブレストレーニングはとてもポピュラーな話題で、多くのプログラムや実践方法が存在する。しかしヴラディミアは常に世の中の事象に強烈なライトを当て、厳しく観察を続ける。生きている限り自分に起こる事象をコントロールできるチェックボックスなどはないのだ。

ブレストレーニングは静的で動きがないのがほとんどだ。一般的に受け入れられている姿勢や瞑想のポーズで練習する。楽な姿勢で座っているかヨガのねじりのポーズを取る。ここで鍵となるのは、誰にも邪魔されることがないということだ。非常に心地良い。

しかし現実の世界はそうではない。気持ちよくドライブをしていても突然背後から猛スピードで追いかけられる。トラックがクラクションを鳴らしながら追い越して行く。何だ。緊急事態か？　咄嗟には

何が起こっているのか分からない。ショックを受ける。その時、呼吸は止まっていないか、効率よく持続して機能しているかと自問するのだ。突然の闘争に巻き込まれた途端、心臓の鼓動が速くなり、「何だ！　どうしてこんなことをされるのか！」と狼狽するかもしれない。

これがヴラディミアの言う現実である。他にも同じような鋭い観察力を持つ人の言葉がある。

計画通りに物事が運ばれている時は良い。だがその途中で、あるいは最後に天罰を受ける時がある。その時どのように対処するか。普通の人は上手く対処できない。誰もがプランを持っているが、それはパンチを食らうまでだ。パンチを食らった途端、ドブネズミのように恐ろしさで体が硬直してしまう。

（マイク・タイソン）

システマの呼吸法は、何世紀にもわたる厳しい肉体的精神的な闘争の中で持ち堪え、進化を遂げてきた。その目的は現実社会のあらゆる事象に対処できる能力を得ることのみ、それ以外の何でもない。

ストライクのさらなる深い基盤作りとして、システマの呼吸法を真剣に始めた実践者のために新しいプログラムを一つ紹介しよう。効果的なストライクには欠かせないトレーニング、段階式呼吸法 ― レベル1（単独）である。

『Let Every Breath』では、一続きのブレスアクション（spanning breath actions）の概念を強調した。そこで紹介したウォーキングドリルではウォーキングやランニングの間、呼気と吸気はそれぞれスムーズに伸びる。スムーズな呼吸は途切れることがない。一定のリズムで吸い終えたら、また一定のリズムで吐き終える。中断したり遮られたりしない。歩数に合わせて同じ速度で吸うと吐くを交互に繰り返す。つまり一歩進みながら吸い、次の一歩で吐く。二歩進みながら吸い、次の二歩で吐くという要領で一歩から二十歩まで練習する。息を吸っている時、また吐いている時は息を途中で止め再開するということはしない。

それに対して**段階式**とは、階段のように一定の度合いで上がり下がりする。**段階式呼吸法**を練習すると呼吸のコントロールが精密になり、段階毎に肺内の息の残存量をコントロールすることを学ぶ。音楽家ならスタッカートと呼ぶだろうが、スタッカートは他の音と切り離された音を強調するので、ここでは**段階式**という言葉を使うことにする。段階式呼吸法は呼吸の持続性の原則と対立することはない。

段階式呼吸法の最初の訓練は単独で行う。『Let Every Breath』で紹介したシステマウォーキングのフレームワークにひと捻り加えたものだ。このステージではこのドリルの目的があまり明確ではないが、実際の格闘シーン、特に複数の相手からパンチ攻撃を受ける場合の準備と考えられる。

通常、私達は自分の心理状況や体の状態に応じて、無意識に吐きたいだけ息を吐く。このドリルでは心理的に困難な状況を作り、全てのレベルにおいてより正確に呼吸をコントロールする方法を習得する。好きなだけ吐くのではなく、息を3回、4回、5回と均等に分けて吐く訓練をする。様々な変化に対して体と心をコントロールすることを教えるものだ。

ウォーキングをベースにした最初の単独ドリルを次に説明しよう。

1. 滑らかに吸いながら最初の一歩を踏み、次の一歩で滑らかに吐く。鼻から息を吸い、口から吐く。心が落ち着き注意力が高まるまで2、3分続ける。

2. 次は滑らかに息を吸いながら二歩進んだ後、最初の**段階式呼気**を次の二歩で行う。つまり、次の一歩で半分の息を吐き、ほんのわずかに息を止めて、さらにもう一歩で残り半分の息を吐く（階段の上り下りの要領で吐く）。吐くのは必ず口から行う。いくぶん力を込めて、ステップに合わせ速めに吐くのが良い。段階式呼吸では、ステップの最後に毎回肺から全ての息を吐き切るのはできないかもしれないが、ベストを尽くそう。重要なのは段階式呼吸の各ステージを完全にコントロールし、かける時間を均一にすることだ。緊張、不必要な力が頭部へ上っていかないようにチェックしよう。

3. 次は、前述2と同様の呼吸法を三歩ずつ進めながら行う。息を滑らかに吸いながら三歩進み、次の三歩で段階式に息を吐き切る。吐く毎に息の残存量をコントロールする必要がある。三歩進んで息を吸い終えたら、次の一歩で三分の一の息を吐く。わずかに息を止め、次の一歩でまた三分の一を吐き、最後の一歩で残りを吐き切る。

4. 以降同様に、六歩ずつまで滑らかな吸気と段階式呼気を繰り返す。

5. 六歩まで実践したら歩数を下げていく。五歩から始め最後は一歩で吸い、もう一歩で吐く。

6. 今までは段階式呼吸法は呼気に適用した。次は段階式呼吸法を吸気時に取り入れて、前述2から4を行う。つまり二歩進みながら**段階式に吸い**、次の二歩で**滑らかに吐く**。この方法で六歩まで行う。六歩終了後は歩数を五歩、四歩と下げていき最後に一歩進みながら吸い、次の一歩で吐いて終わる。

段階式呼吸法は息を細切れに吐いたり吸ったりするが、身体の動きは途切れなくスムーズに行うことが要求される。ノコギリと普通の滑らかなナイフとの違いをイメージすると良い。これは呼吸の持続性と独立性の原則を深めていく訓練だ。

システマの真のリラクゼーションを習得するには、故意に体を強張らせた後でリラックスするというアクションを何度も繰り返す。同様に、最初に行う段階式呼吸法の訓練では、変化する呼吸の状態を周りの事象に意図的に**一致させる**ことを学ぶ。周りの事象とは、最初の訓練で言えば自分自身のステップである。段階式呼吸法の次の訓練では、突然の襲撃など自分ではコントロール不可能な状況に呼吸を合わせコントロールすることを習う。段階式呼吸法は数多く存在するシステマの呼吸エクササイズの中の一つであることを覚えておこう。

格闘では呼吸が機能維持のための鍵である。後の章で襲撃をサバイブするための呼吸法と回復を早める呼吸法を説明する。多勢で攻められる時、一人が猛スピードで襲ってくる時、彼らがいつどの程度の力加減で向かって来るのかをコントロールすることはできないかもしれない。またどんな状況にも完璧に呼吸を一致させられるとは限らない。しかし矢継ぎ早にパンチが飛んで来るような状況では、段階式呼吸法で培われる息の残存量のコントロールが命を救う鍵となる。システマのブレスワークは全て、どんな状況下でもセルフコントロールを最適化できるようにする訓練である。

段階式呼吸法は呼吸持続性の原則に照らして考えるとそぐわない面があるかもしれない。そこで音楽のビブラートを考えてみよう。ビブラートは1回の呼気で一つの音を伸ばしながらもその音を小刻みに揺らすことである。停止も沈黙もない。同様に段階式呼吸法は呼吸を停止させず段階毎にコントロールするのである。段階式呼吸法は本質的に音楽のビブラートと似ている。

単独の段階式呼吸法を開始して数日経った頃、日常生活を送る中で身体が滑らかになり精神が落ち着いてくるだろう。健康とパワーが高まった証拠である。第8章「ラボタ（ドリルセット）」で紹介するさらに強烈なブレスエクササイズの基礎ができたことになる。

第3章

基本概念

― システマのストライクを効果的にするものとは? ―

システマのストライクには、次の五つの基本概念がある。

1. **障害物が皆無**
2. **途切れない**
3. **突発性**
4. **明確さ**
5. **受け入れる**

システマストライクの構造的及び身体的な要素は、第4章「構造」で詳しく説明する。ここで取り上げる基本概念は包括的かつ心理的な要素である。それは世の中の全ての事象に当てはまるので、本書を通してしばしば触れることになる。

概念の数については議論を呼ぶだろう。十、それ以上。いや、せいぜい二つか三つ、と。あるいは、「神が我々に死を望めば、何も我々を救うことはできない。だがそれまでは、我々に危害を与えるものは何もない」という考えに則り、概念だけでなくトレーニングまでも否定してゼロという過激な意見もある。よくある主張だが、聖書に、ニネべの人々が犯した罪を悔い改めたのでメッセンジャーのヨナに伝えさせた町を滅ぼすという裁きを神は下さなかったという一節があるように、私達個人のアクションは時として運命や予言を変えることもできるのだ。

どのような理由であれ、読者の方々は武術を修行に選んだ。そしてヴラディミアは、これから説明する基本概念に基づき専門技能を確立した。これらはシステマの独特なメンタリティの要である。ここからは、前章で説明したシステマのブレスワークの原則と『Let Every Breath』で紹介している細かなドリルを読者の方々が理解していると判断して話を進めようと思う。

■1. 障害物が皆無 — 解放と自立

「リラクゼーション」と「自由であること」につい

て簡単に話をしたい。よく使われる言葉なので、聞き流してしまいがちだ。まず私達の邪魔をする物について深く広く探ってみよう。邪魔をするものは障害物だ。過度な緊張は私達の一番の敵である。しかし他にも考慮すべきものがある。

ここでは、システマをボクシングと比較しながら分析するが、その前にＭＭＡ（総合格闘技）について多少触れようと思う。ＭＭＡは今や人気のスポーツでボクシングを凌ぐ勢いである。パンチはＭＭＡのグラウンドやスタンドゲームの一部だ。ＭＭＡのスタンドゲームでのストライクのアプローチは、技術的にボクシングから枝分かれしたものである。最も大きな違いは基本の姿勢にある。ボクシングでは直立に近い形で立ち、足を前後に開き体重をシフトする。ＭＭＡではテイクダウン、シュート、キックを躱すために腰を正面に対して並行に保ち低く構え自身を中央に持ってくる。他にも技術面での違いはある。

本書は純粋にストライクについての本なので、ＭＭＡではなくパンチ中心の究極の武術であるボクシングとの比較をしてみたいと思う。激しくパンチし合うファイターはいつの時代でも常にボクサーだ。ＵＦＣ（アルティメット・ファイティング・チャンピオンシップ＝米国で最も有名な総合格闘技の大会、および大会組織の名称）のチャンピオンにはボクシングのトレーナーを雇ってストライクの技を磨く者が多い。私が語るシステマのストライクと格闘技の違いは一般的な事柄であり、システマとＭＭＡの両方に当てはまる。

ＭＭＡについてこれ以上言及するつもりはない。ただ、システマはスポーツではないがそのストライクの概念や練習方法はＭＭＡのトレーナーやファイターからしばしば取り入れてきたという事実を指摘しておきたい。

さて、システマは至近距離での対決時、最小限のセットアップでパワーを出すことを強調する。それはクリンチ状態や地面の上、その他の接近戦において理想的

ヘビー級ボクサー、ロッキー・マルシアノが８ラウンド、史上最強のジョー・ルイスの顎目がけて強烈な右パンチを出し、ノックアウトする。

である。

ロッキー・マルシアノは唯一負け知らずのヘビー級ボクサーであることは、第１章で紹介した。彼は驚異的に素晴らしいボクシングの属性を多く持っているので、ボクシングなどで見られる平均的な男性の最高のパンチとシステマの驚くほどユニークなストライクの方法との比較にうってつけである。

強烈なパンチを出すための属性とは何だろう。『リング』誌（米国のボクシングのみを扱う月刊雑誌）はマルシアノについて次のように書いている。

彼の力は止められない。体と心は壊れない。彼との戦いは地獄だった。デンプシーとルイスのように、彼の全身がパンチと化して飛んでくる。

ボクシングの歴史家バート・シュガーはマルシアノの右パンチについて「リング上に持ち込まれた最も破壊的な武器の一つだ」と言った。

マルシアノのパワーはまず足の筋肉が起動し、徐々に他の筋肉とかみ合いながら全筋肉が鎖となって爆発すると言われた。

彼の拳は当たると岩のようだ。その鍵は彼の足にあるとアンジェロ・ダンディー（ボクシングトレーナー）は主張する。マルシアノのパワーは末端から来る。彼の脚はでかい。全部が膝だ。膝をちょっと曲げ、回転してパンチを出す。そこがパワーの源だ。

(Russell Sullivan『Rocky Marciano: The Rock of His Times』2002)

エネルギーが脚から上に向かって流れ、腰を回転することで強調され、最後に上半身を捻って腕と拳を前に出す時加速される。彼のパワーがどのように捻出されるかは、前の写真を見れば一目瞭然である。ボクシングのライター、ナット・タッシュマンはマルシアノの手法を次のように書いている。

ロッキーが相手に与える体重のインパクトを考えてみよう。彼のパワーの秘訣を知る者は少ない。…まるでウェイトリフティングだ。筋肉質の太く短い脚を床に植え付け、腰を回転してパンチする。アドレナリンに満ちた85キロの体全体が強打として放たれる。

ボクシングでは全身をパンチに込めて放つ。マルシアノは生まれつきその素質があった。しかしその最大の長所は、大きな脆弱性を露呈することにならないだろうか。

ヴラディミアはこう分析する。

マルシアノは自分のパンチがどんな影響を及ぼすかをイメージできている。だから彼は自分の持つ全てをパンチに託すことができるのだ。素晴らしいことだが、全てをパンチに託すとなると長い行程が必要だ。自分のパワー

が相手に届くまでに、いくつかのステージがある。ナイフやスコップを操れる人なら、簡単にその構造を破壊してしまうだろう。理想的な設定の外では攻撃されやすい。ボクサーはパンチを放つ時、その長い行程を使うように教えられているので、一度その構造が破壊、損傷、妨害されるとパンチが利かなくなる。

システマのインストラクターも全身という言葉を使うが意味はまったく反対である。システマでいう全身とは、全身のいかなる部分もまた心理面も自分の動きを邪魔しない、というように使われる。同じような響きだが概念は全く逆である。全てを取り入れることはしない。全てを解き放つのだ。システマのストライクでいう全身とは、簡単に言えば障害が無いということだ。

どんなものが障害物になるか。一部例を挙げてみる。

・過度の緊張

・息切れ

・地に根ざした足

・固く繋がった身体部位

・推進力

・安定感の欠如

・ターゲットに対する頑な執着心

・テクニック

・スタンス

これらは全て構造上の障害物である。

立ってパンチを放ってみる。全身が前に出るか、それとも拳だけ前に出るだろうか。次に腕とパンチに力を入れてみる。パンチと一緒に身体全体が前によろめくはずだ。そうなったらもう拳を使ったパンチではない。最適ではないのだ。ただ、ほとんどの人のパンチとはそのようなものだ。拳以外の部分に力が入ると不必要に全身を使ってパンチを発することになる、結果バランスを欠いてしまう。鉛筆を持って絵を描く時、全

身に力を込めて描くだろうか。同じことがパンチにも言える。洗練された仕事をするには洗練された筋肉を使うのだ。

次の章で説明する拳のコンディショニングプログラムは、身体的なリミットと障害物についてどのように取り組めば良いかのヒントになる。心理的な障害物についても後の章で説明しよう。皮肉なことに、システマ用語の障害物の中には前述のボクシングのノックアウトパワーメソッドの鍵となる属性も含まれる。これらは格闘技というスポーツの枠では役に立つが、リングの外では怪我などの弊害をもたらす。

システマの分析は、ボクシングのノックアウトパンチが終わったところから始まる。構造に頼るとすぐに限界が来る。それが障害だ。座りながら、寝転びながらなどのバランスを欠いた体勢では効果的なパンチは打てないだろう。一つの構造を基礎としてパンチを教えられ、5年、10年かけてマスターしたとしよう。人工的な理想の状況では上手くいくだろうが、足首や膝に怪我や捻挫を負っている時や凍った地面や起伏の激しい場所では、そのテクニックどころか自分の武術全般も台無しになる。

システマのファイターはそういった障害とは無縁である。怪我を負っていても、それが**身近なツールを使って目の前のターゲットを打つ**ことに悪影響を与えない。怪我に影響されない。体がフリーなのだ。自然にそれが拳に現れる。神秘的に聞こえるかもしれないが、実践的で基本的な概念だ。軍隊のサプライルートが長いと部隊は脆弱になる。このシンプルな考えに基づき、スピーディで圧倒的な成果を出すヴラディミアの技は何百ものビデオ、何千ものクラス、個人的な手合わせなどで実証されている。

システマとボクシングとの比較をもう少し深めてみよう。システマと違いボクシングはスポーツであり、プレーヤーにはルールが課せられる。色々なボクシングのスタイルやボクサーがいる中で、マルシアノは極端な個性の持ち主である。スポーツライターは、彼についてボクサーではなくパンチャー（あるいはスラッガー）というあまり上品とは言えない括りを使うことがしばしばある。パンチャーはパワーがあるがディフェンスや動きが得意ではない。それに対してボクサーは、身軽でスピーディでフットワークやディフェンス、リング上での動きがよく、得点するのが得意だ。システマのゴールは馬の強烈キック並のノックアウトパワーと、現実世界の現象に即順応し対応できる身体的かつ心理的な自由さとの融合が自由自在にできることである。さらに人に癒しや活力を与えたり、必要であれば人とのインタラクションの行方を変更、混乱させたりしたい時、システマはそれぞれの目的に適ったストライクの強さを瞬時に察知し正確に放つことを教えてくれるのだ。

解放された身体の構造的、技術的な面は本書を通して取り上げる。ここでは「全身を使ってストライクを打つ」というシステマの考えの基本にあるのは、身全体に力を入れて打つのではなく、どんな状況でも自由に動ける体だということを覚えておこう。これが障害が皆無の原則である。

障害が皆無、言い換えればフリーな状態が理解できると、必要な物を必要な時に持てるようになる。効率のよい工場で見られる、必要な物を必要な時に必要なだけというジャストインタイムの考えだ。ジャストインスペースという局面もある。ある作業に必要のないパーツは使わないという意味だ。使わない部分はその瞬間解き放たれて緊急時に取っておける。ジャストインスペースは、システマにおいて身近にある物の有効利用である。

この多少難しく聞こえる概念をさらに難解にしてしまうのを覚悟して、ヴラディミアから聞いた面白い話を紹介したい。18世紀に書かれたロシア帝政時代のドイツの貴族の冒険小説に出てくるミュンヒハウゼン男爵の話である。男爵は弾丸の上に乗ったことがある、月にも行ったことがあるなど、とんでもないほら話を広めて功績を得ようとしていた。彼が冒険に出たある日のこと。向こう見ずに沼地を馬で全速力で走っていたところ、ぬかるみにはまってしまった。ところが男爵は自らの髪を掴んで自分と馬を引き上げたのである。

　物理的に不可能に思える。しかしこの寓話は正しい動きを提示しているとヴラディミアは言った。ロジックに執拗に執着しなければ、この寓話から障害が皆無とは何かの答えが垣間見える。物理的に不可能だというのは、ぬかるみにはまってしまった馬の乗り手が救い出す自分と直結しているからだ。前述したパワーパンチの一連の鎖と化した筋肉のようなものだ。男爵の手は自分の肘とくっついており、肘は肩に繋がっていて馬を抑えている脚まで一つのユニットだ。現実には彼自身が自分の救出の障害になっている。

　ここで思考実験をしてみよう。体から独立した強力な手が、男爵の髪の毛を掴んでいると想像する。強力な手は男爵と馬を引き上げ、沼から出すことが可能だ。文字通り解釈しないように！　ただイメージしながら遊んでみる。これは解放された身体という概念が良好な結果を生むという、極端かつ刺激的な例ではある。ただ連結された構造に執着せず自由に動くことが可能だと考えられたら、何か達成できるかもしれない。

　究極的には、解放という概念に敏感になると、あらゆる障害物が身体を超えたいくつもの深いレベルで影響を及ぼしていることに気づくだろう。

なぜ私達は硬直するのか。答えは心理的なものだ。なぜ硬直するのかと問われると人は益々強張る。硬直していると他人からのコントロールを受けやすい。硬直は恐怖の現れだ。何かに恐怖心がある、何かを心配している証拠だ。何が怖いのかを探ってみよう。家族かもしれない。仕事や家を失うという恐怖かもしれない。しかしこういった恐怖心は罠なのだ。だから恐怖心を

ミュンヒハウゼン男爵が、タイミング良く自らを
沼地から救出する。

断ち切り解放的になろうとする。すると周りからは「良くない」「君は変人だ。駄目だ」「すっかり変わってしまった」などと言われるだろう。自分自身に課した解放状態とは周りの人には非難すべきものかもしれない。だが自身が実践する解放状態は傲慢なものではない。他の人のためになり、自分自身より神を讃えるべきものである。フリーの実践者は何があろうとも親切で寛大でなければならないのだ。

■2. 途切れない——動き続ける

二番目の基本概念は、途切れないことである。効果的なストライクは動きの副産物である。システマでは、動きは羊の皮を被ったストライクだと言える。ボクシングではパンチは外れるか当たるかだ。外れたら、ファイターは即ガードポジションに移りディフェンスするか、次の攻撃の準備をする。当たっても、外れた時と同様に即後退するのがベストだ。先に示した写真のマルシアノのように完全なるノックアウトでない限り、カウンターパンチの得意な相手から隙をつかれる。

それに対してシステマのストライクにリセットは存在しない。なぜなら戻るべき決まった姿勢や立ち位置などないからだ。決まったガードポジションはブロックに効率が良いとされるが、システマには存在しない。ストライクの最後は、次のストライクの始まりである。動きとストライクはほとんど同じことで、同じ基本原理に則っている。

次に示す伝統的なイメージは、システマのオリジナルDNAに組み込まれたアイディアを深く示している。

ミカエルが以前説明してくれた。伝統的な騎馬兵はサーベルを自分の体からできるだけ前に、馬の顔の前方離れたところに突き出す。そうすることで馬が支えるべき自分の体重を半減させる。また前に乗り出してサーベルを掲げると馬は突進しやすくなる。戦闘時、乗り出し

サーベルを前に突き出して突撃。

てできる角度と、荷重され、かつリラックスした腕の筋肉で馬を導く。この練習は、スピード、パワー、機動性を大いに高めた。

同様にパンチにも自分を止めるものは何一つない。リラックスしたパワーを全て動きに乗せる。ボクシング、空手、他の伝統的な打撃の訓練では、拳がターゲットに当たった瞬間そこで止める。それでは打を放ったエネルギーが逆戻りして危険だ。また、動きが遅くなるのでカウンターパンチを受けやすくなる。放ったパンチを当たった瞬間止めずに放ち切れば、効果的かつ安全なのだ。ミカエルはさらに言った。騎馬兵はサーベルで刺した後、手を止めずに完全に切りきる。サーベルは曲線状に動く。その動きの最後でサーベルの柄を持つ手を瞬間的に握りしめる。パンチする時も同様である。最後に瞬間的に拳を握りしめる。

連続性の議論は伝統的なスタンス、ブロック、ディフェンス、ガードポジションを考えるのに良い。これらは全てシステマにも関連するが、停止しているという点で全く別物だとも言える。ヴラディミアは飛んで来るパンチに対してブロックではなく、向きを変えたりスリップしたりして対処する。と同時に相手の隙にパンチを放つか、飛んできた相手の腕や手を素早く掴み痛烈な攻撃を容易く加える。これには途方もないスピード、緻密さ、感度が要求されるが、レスポンスする自分の体に障害がない時、つまり自由に動ける場合のみ可能である。無意識に自分の動きを止めてしまうのが最悪のパターンだ。故に**ブロック**を考えてはいけない。**ブレンド（融合）**を考えよう。

さらに大胆に行くなら、ブレンドを超えディフェンスを考慮せず打ち返す。ディフェンスと言ったが、少しラディカルに考えてみよう。システマのデモは攻撃に対するレスポンスがほとんどだ。システマがディフェンスアートと言われる所以である。一見「どんな犬も、1回は噛み付くことを許される」という諺通りだ。あるいは、噛み付こうと試みるでも良い。

しかし100パーセント諺通りではない。真実は奥深く定義も難しい。現実の攻撃に対するヴラディミアのリアクションは相手の部位を選んで突く。甚だ痛烈なパンチだ。彼は戦術的なディフェンスを考えているのではない。ディフェンスというよりは、カウンターアタック、多少矛盾するが、先制レスポンス攻撃だ。彼は自分の体のオープンスペースをガードしようとは一切考えない。彼のストライクそのものが彼をガードするのだ。

スタンスを取るのは「恐怖」を示している証拠だ。ブロックやガードは「怖いから、その恐怖を少し前に押し出そう」と言っているのと同じ。スタンスを取ると腕が前に出る。自分の体にある恐怖を無意識に取り払おうと体の前に移している。例えば、暗がりで歩く時自然と手が前に出る。無意識に恐怖を前に押し出し、己の

中心から取り除こうとしているのである。恐怖と戦うにはもっと良い方法がある。

大人数の部屋やスポーツジムの中で目を閉じて歩く。目の前に誰かいると感じたり恐怖がよぎったりしたら、片腕か両腕を真っすぐ前に伸ばす。その瞬間、恐怖は伸ばした手に移る。腕を伸ばした瞬間に恐怖心ごと一緒に打を放つのが理想だ。腕を伸ばしたままでいると、恐怖が自分のコアに逆戻りして来る。ほとんどの人は拳に力を入れるので、腕と拳が離れた状態になる。結果、打を放った瞬間に感情的エネルギーの衝撃が自分に跳ね返り、怪我をするのだ。その衝撃を取り除くには息を吐く。そうしないと衝撃が体に留まったままになる。だからトレーニングの時、ストライクの後には拳を開いて恐怖や衝撃を外へ流す必要があるのだ。

前述の考えは、一般的な事柄にも関連する。ヴラディミアとミカエルは「武術で相手を打ち負かすことは、日常生活で発生する仕事に似ている」としばしば強調して語る。例えば、かまどを治してもらおうと修理工を呼んだとしよう。修理工をかまどまで案内する。そこで修理工が腕を大げさに回し始めたり飛んだりはねたり、猿のように自身を引っ掻き始めたら、本当に彼はプロなのだろうかと心配になるだろう。

ディフェンスについてもう一つ。緊張が走る場面では、ディフェンスすべきタイミングの判断に迷うことがある。あるいはディフェンスすべきかどうかも定かでない場合がある。大方の見方は、**先制攻撃**をしかけるべきではないか、**リアクション**は常にタイミング的に遅すぎる、というものだ。だがヴラディミアやミカエルはリアクションがアクションより三倍速いことを心得ている。彼らは言う。自分達を保護できるのはそれが神の思し召しだからだ。こう聞くと面食らってしまうが、イギリスの科学雑誌『Proceedings of the Royal Society B: Biological Sciences：2010年2月号.When reaction beats intention（アクションがインテンション＝意図を打ち負かす時）』で報告された画期的な研究にこの伝統的な考えが記されている。ヴラディミアとミカエルは相対的なリアクションのスピードの実質的な理解と、彼らのコアに存在する格闘的堅実性とを合わせて自信を持って待って様子を見ることができ、あらゆる状況に対処できるのだ。

「途切れない ― 動き続ける」の要素は、次のようにまとめられる。

普通の人のパンチには拳だけでなく前腕、肘、上腕、肩など全てに力が入っている。「パンチするように歩いてみろ！」と言われたらどうだ。誰もそのようには歩けない。力任せに歩けば脚や腰が砕けてしまう。そんな風に歩く必要はない。力を入れるのはパンチを当てたその場所、その瞬間だけだ。そして停止するのも当たったその場所とその瞬間だけだ。それ以外動きは止まらない。体のどの部分も自由に動き続ける。パンチを打った時でさえも、パンチに使ったその部分以外はパンチの影響を受けず、必要であれば動かすこともできる。

■3．突発性 ― 即興

掌、肘などのストライクに欠かせないツールについては、基本的な理解を深めるために、そして体系立った議論のためにも後の章で説明しよう。しかし、それらが格闘に欠かせないと考えるのはある意味弱点だとも言える。システマのストライクは突発的であり、稽古をした動きではない。状況に応じて利用できるものは何でも使う。基本ルールは**一番身近なツールを目の前のターゲットに**、だ。それでさえも至近距離での戦いや状況に依存する部分が多いが、これが総合的かつオーガニックなシステマのアプローチだ。

能力と戦術には違いがある。武術の訓練のほとんどは戦術的である。Xが起こったらYで対処するという方法を習う。現

実にXが起こるとは限らないがそれが戦術だ。テクニックも戦術である。ある意味大切かもしれないが現実離れしている。私達はテクニックの訓練はしない。動きを訓練する。パンチは動きの流れの中でも発することができる。戦いはワイルド。自分と相手だけが動いているだけじゃない。周りの全てが変化し、常に動いている。魂でさえも、飛んだり跳ねたり動き続けているのだ。

予め整えられ合意の下で行われる攻撃と防御は、現実に照らして考えると非生産的である。システマの訓練はいつどんな攻撃に対しても即、自然に即興で対応できるように体をリラックスさせ、精神を鎮めることを目的とする。

突発性の概念の中心にあるのは拡張・拡大である。第二次世界大戦時の英国の戦略思想家リデル・ハートは、大規模な軍隊行動の観点からこの概念を正確に表現した。

パワーの拡大方法とは、敵地をくまなく探索し少しでも隙を見つけたらそこを集中的に撃破し、侵入して領土を拡大する。

（B・H・リデル・ハート
第二次世界大戦イギリスの戦略思想家）

ヴラディミアとミカエルはどんなステージにあっても物理的にも心理的にも拡大し続ける。セールスの世界には「常に（商談を）クローズせよ（成立させよ）」という古い知恵がある。顧客と最初に会った時から優秀なセールスマンの頭にあるのはこの言葉である。システマではその真逆が真実となる。「常にオープンでいろ」がここでの概念だ。

ミカエルと手合わせをする時、私は背後から彼を捉えてみようとする。その度に人間以外の何かと取っ組み合いをしている感覚を持つ。彼の体は人間のそれとは思えない。

自分の体なら筋肉や骨などがどんな構造になっているかを理解しているが、彼の体は触れた瞬間から全て消え去ってしまうのだ。捕らえどころがない。パンチの打ちようがない。彼は元来体格が良い方だが、彼の体に触れた途端に彼の体は益々大きく膨張する。そして捉えていられなくなる。普通の人なら触れられると防御反応として縮んだり硬くなったりするのだが、彼の場合まったく逆の現象が起こるのだ。

ミカエルにとって速さイコール滑らかさである。例えば、私が相手を打つ時、手から自然な動きが流れ出し、体が益々オープンになってファイトし続けられるのだ。相手はロックされないように、怪我をしないようにパンチを打ったり受けたりするのを学ばなければならない。そしてパンチを受けても自分の動きを方向転換してファイトし続けられるだけのエネルギーを残しておかなければならない。

自分自身をロックするのは避けるべし。そうすると動けなくなる。自分のパンチで縮んでしまうのも駄目だ。自分のパンチで自分をオープン状態にする。私が動く時はいつもオープンだ。だからいつでも逃げられる。ロックしてしまったらどう戦うのだ。

とても簡潔に指摘している。グラップリングやストライキング、そしてディフェンスやオフェンスにも適用できる。これがシステマのトレーニング全ての要となる基幹の概念である。

4. 明確さ―プロ意識

誰もがテクニックや戦術に躍起になるが、格闘は社会的心理的な背景を含んでいる。単に肉体のぶつかり合いではなく、形も一つとは限らない。格闘では注意を外に内に向けなければならない。外にとは、同時進行で複数の戦いが起こっていることに気づくべきである。相手との戦いはもちろん、自分自身の限界との、心理的プレッシャーとの、そして周りとの戦いなどだ。

自分の着ているものが邪魔をすることもある。無限なのだ。周りのプレッシャーのどれが現実のものでそれに対処するには何が必要かを判断して、自分の内側からそれを出せることが必要なのだ。

時には誰かのために戦わなければならない。そして大概自分の感情がむき出しになる。色々なイメージが頭をよぎる。パンチする、逃げる、見せびらかす、相手を嫌う、嫌わないように試みる。感情は太陽光線のように自分の内側から放出される。格闘の内側で起こっているいくつもの葛藤を理解しなければならない。単に相手と自分との戦いだけではない。友達、連れ合い、自分のエゴのために戦う場合もある。表向きには相手対自分の戦いでも、自分の中に複数の対戦相手があることに気づく。それが戦いの心理的な局面だ。

人が見ていると、その瞬間戦いたくないと思うかもしれない。だが大衆が自分をプッシュする。そういう時は、ここで彼らを喜ばせ印象づけるべきか、と考える必要がある。自分を強いるものは何もない。自分は大衆のためにそこに存在するのではないのだ。感情に左右されてはならない。上辺の自分を取り除き、本来の自分を探すのだ。自己を知れ。そのためには自分の自然な動きの可能性を理解することから始めるのが良い。通常私達は動けると思っていても、突然自分の意図通りに動けない場合がある。自分の良い点と弱点、己の真実を知ることが大切だ。物事を成すのは自分のためであり、他人のためではない。

真のプロファイターなら前述のような問題は持ち合わせない。プロとしてではなく突発的な状況に反応する場合、プロはまず自分の行動の理由を意識する。そして取るべき行動を決め、結果をコントロールするのだ。全て感情抜きで行う。ヴラディミアは正にこの種のプロの突発的な行動を目の当たりにしたことがあるのだそうだ。

ロシアの酒場に長い列ができていた。ロシア人は酒を好む。何人かが列に割り込んで来た。一人冷静沈着な男が言った。「後ろに下がれ。まだ君たちの番じゃない」。割り込んで来たのは三、四人。正した男は至って普通のどちらかと言えば小柄な方だった。割り込み連中はその男を睨みつけたが、小柄な男は「下がれ」と譲らなかった。すると連中の一人がその男を小突いた。その瞬間、小突いた方の男が床に倒れてしまったのだ。小柄な男は身動きせずに、残りの割り込み連中を凝視していた。格闘のスタンスを取っていたわけでもなく、喧嘩に備えていたわけでもない。次に残りの連中がその男に挑みよった瞬間、もう二人が床に倒れてしまった。そして全ては元の鞘におさまり静けさが戻った。前代未聞の出来事である。格闘なくすべてが通常に戻った。

だが、その小柄な男はいつの間にか酒場を立ち去った。公の場で見せてはならない物を見せてしまったのだろうか。倒れた男達のために救急車が呼ばれた。立ち去った男はおそらく軍の関係者だろう。動きがスムーズで恐怖心も感情も全く見せなかった。彼は完璧なタイミングで全てをなし得てしまった。割り込み連中は成す術が全くなかった。

こういう男は普通の人間と見ているところが違う。我々一般人は人、状況、自分の感情を意識する。しかし彼は打つターゲット以外何も見ないのだ。目ではなく手を使って物を見るのだと思う。貴重な体験だった。私は空手、ボクシングを習ったことがある。誰もがディフェンス、テクニック、スタンスを教えていた。彼らは恐怖心を取り除く方法を教えていたのだが、実際には無意識に恐怖心を自分の体の外に押し出していただけに過ぎない。悪くはないが、この男は全く自然にクールに成すべきことをこなした。

戦い方のアイディアの多くは全てに適用できる。表向きのアクションは決して唯一の要素でも、最も重要な要素でもない。

ある意味、ファイトはランニングのようなものだ。誰かが走っているのを見る。なぜ彼らは走っているのか。その理由は一つとは限らない。体のコンディション作りかもしれない。警察に追われているのかもしれない。逆に警察を呼ぼうとしているのかもしれない。バスを捕まえようとしているのか。子供の救出か。単に心を落ち着かせるためか。無限の理由があり得る。どんな理由でも良い。自分の中でその理由が明確でありさえすれば。

5. 受け入れる——さあ、ゲーム開始だ！

最後の基本概念は心理的かつ感情的なものである。これはストライクの本質に迫る大変に奥深い要素なので、ヴラディミアに語ってもらおう。

必要とあらばすぐに打てるよう常に心の準備をしておくべきだ。躊躇はない。必要なら打つとすでに決めているのだから。「攻撃的になれ」「緊張していろ」という意味ではない。単に心の準備をしておくだけだ。ある意味冷淡でなければならない。一筋縄では行きそうにない相手には「話し合いもできるが、打つべき理由があれば打つ」という覚悟を持つ。そうすると不思議なことに争いになりにくい。体のぶつかり合いになったらそれで良い。受け入れることが安全への鍵となる。そして冷淡な態度を保ちながらも、あまり強く打ちすぎないように訓練するのが大切だ。相手をストップさせるために打つだけだ。それが相手を打つための最初の準備である。相手を止める目的で打つ。不能にするまで打ってはならない。その気持ちは心に閉まっておく。

口論の場でも同じだ。その最中でも戦う準備は常にしておく。そういう状況が来たら受け入れるのだ。

ぶつかり合いにならなければハッピーだ。ファイトなどない方が良い。しかし心の準備はしておく。準備ができていればファイトを受け入れられる。受け入れることだ。どんな時でも何があっても、いつでもファイトの準備ができているという自覚を持つことだ。ファイトになってもオーケーだ、と。

心の準備ができていれば、色々なシナリオを基に芝居ができる。それ以上エスカレートしないように、おどけてみたり、怒りを表したり、謝ってみたり、何でもありだ。しかし内側ではファイトの準備をしておく。そういう決意を常に持っているべきだ。決意できない人も中にはいる。武術の訓練を重ねているのだろうが、その決意がまだ固まっていないのだ。おそらくぶつかり合いの経験が乏しいのかもしれない。決意をすることに慎重になっている。

例えば、銃を撃つ心の準備ができていないのに銃の訓練をするだろうか。狂ったように辺り構わず撃つということではない。撃つ覚悟があるということだ。素手のファイトでは相手からパンチを食らう覚悟がなければならない。それが最初の決意である。

恐怖が消えた時、痛みも消える。恐怖心がなくなると痛みも和らぐのだ。痛みを怖がるのが最悪である。加えて、人々が抱える恐怖心は面子を失いたくないというエゴから生まれる。

新しい精神状態を作らねばならない。ある時、それほど強くはないがファイトが上手な男に会った。どうしてファイトするのかと尋ねると、よく聞け、俺は臆病者だからだと言った。失うものが何もないから戦うのは簡単なことさ、と。

しかし彼は自分の恐怖心を認めたのだ。失うものがない時、何が起こっても大きな問題ではない。彼は実に注意深く、緻密に、効率よく戦った。怖がっていたが、そういう自分も承知していた。自分を良く理解していたのだ。ファイトを始めるのもオーケー。相手から逃げることも躊躇ない。後ずさりしたりその場から逃げたりして離れたところで相手を待ち受けるなど、何をするのも全く問題ない。

人によっては、何だ臆病なヤツめ。逃げたな、などと揶揄するだろうが、彼は人がどう見るかなど全く気にしない。その姿勢が彼を巧みなファイターにさせたのだ。彼にとっては全てが仕事をするツールにしか過ぎない。

受け入れの一つは身体レベルの準備をしておくことだ。次の二つの章ではそれについて説明する。その理由を次に示そう。

仮にファイトを受け入れる決意をしたとしよう。打つ、打たれる覚悟ができた。それは心理的、感情的な覚悟であるが、身体的な準備でもある。腕で打つつもりなら、何度か腕の筋肉を緊張させたり緩めたりして腕の血流を良くする。ハートや魂、感情の話をしているのではない。もっと基本的なことだ。

何で打つ。手を使うなら、手をそのように準備する。銃を使うなら弾丸を詰め、セーフティーを外し、トリガーガードに指を入れる。銃も手にせず撃つぞと言ったところで何の意味もない。「銃はどこにある？」「分からないけれど、撃つ準備はできている」とはあまりにも滑稽だ。銃に届かないのであれば、銃を持っていないのと同然だ。銃を持っている人は誤った操作をしない。銃が必要な時に、彼らはすでに銃を手にしている。銃は腰にかけてあるが必要時に恐怖と緊張とで銃を取り出せないとしたら、それは銃を持っていることにはならないのだ。

手を使って打つための準備は第5章「ツール」の「拳の単独コンディショニングプログラム」で大々的に詳しく説明しよう。

ファイトを受け入れる準備をしよう。相手を殺す、傷つけるという準備ではない。いつでもファイトを受け入れられる心の準備ができていれば、後退しようが前進しようがどうでも良いことだ。

第4章

構造

■形

パンチは手首を真っすぐにして打つ。そうしないと衝撃で怪我をする。これ以上くどくど説明する必要はないだろう。

体勢は真っすぐに。体の全ての部分が良いフォームだと恐怖感がなくなる。自然の法則に従えば、曲がった形は恐怖心や偽りなど正しくない物と常に相関関係にある。

ファイト中、体の一部が屈曲したり外れたりすることはある。だが熟練者は自分の体勢を常に意識し、**意図的に**相手の手首に損傷を与えたり折ったりすることができる。ヴラディミアは何度もそのスキルをデモしている。安全性の面から手加減をしてデモをするが、相手は一瞬「あっ、折れてしまうかも」とドキッとする。ヴラディミアから与えられたその感覚は一生消えないだろう。しばらくは同じミスをしなくなる。

手首の安定性はプッシュアップの変形の拳立て伏せで確かめることができる。まず開始姿勢が取れたら掌を開いて指をフリーにする。それ以外は何も変えない。手首のラインと体全体は通常の拳立て伏せと同様にして体を上げ下げする。ポイントは指が開いた状態で行

指を開いた拳立て伏せの正しい手の位置。

うことだ。通常の手首を使ったプッシュアップの変形とは異なることに気づくだろう。通常は手の甲が直接床につくが、この変形はそうではない。

ファイトにおいても、「手首は真っすぐに」という原則は常に守る。拳を素速く左右に動かしてパンチする場合も例外ではない。これは強力なパンチだ。ヴラディミアは相手の顎を軽く正確に叩いて、驚くべきヘビーな衝撃を与えることができる。

■角度

ストライクが自分に跳ね返ってきたり、発したストライクのエネルギーが体内に逆戻りしたりしてしまうストライクは正しくない。リバウンドしたエネルギーは、ストライカー本人をさらに緊張させてしまう。練習の時、ターゲットに対して腕を斜めに構えるのが正しいポジションだ。その角度で真っすぐに力が伸びると、そのベクトルは肩やコア部分、頭までリバウンドしない。これが簡単に言えば、リバウンド無しの概念だ。この概念については、第7章「ストライクのトレーニング」の「SETの三つの軌道」でさらに詳しく説明しよう。

■呼吸の調節

ストライクは常に息を吐きながら打つとは限らない。一般的に武術ではパンチを放つ時に息を吐くと教える。息を吐くことで少なくとも力を幾分取り除くことができ、結果長いパンチが放てる。息を吐いている間は腕を伸ばし続けられるのでリーチが長くなる。

戦闘中、兵士達が叫んでいる限り走り続けることができるという状況に似ている。叫ぶのを止めると走れなくなる。息が止まってしまうと走れないので倒れてしまうのだ。体が動いている時に息を吐き続けると、その間は動いていられる。しかし、システ

マでは息を吐く、吸うのどちらでもストライクを打つ。重要なのは体に過度な緊張がないことだ。ストライクを打つ時に楽なポジションから打てるかが呼吸のサイクルよりも大事なのである。相手と対峙していても楽なポジションで体に力みがなければ、呼吸はスムーズになり動きもそれに順応する。

■スペースと目に見える（見えない）ストライク

パンチを打ちたいという感情のままに腕や肩を上げ拳を伸ばすなら、威嚇として見なされるだろう。

（ミカエル・リャブコ）

対立シーンには、個々の認識とそれに基づくリアクションの二つの「ゾーン」がある。それらはどんな状況でも無意識に働く。微妙にして奥深いトピックで、説明するのが難しい。この章ではまず言葉の定義をしなければならない。

物理的スペースには次の二つのゾーンがある。

◎**到達不可能なゾーン**

キックしても届かない場所

◎**到達可能なゾーン**

キック、ストライク、グラップル、クリンチが可能なゾーン

武器を含めると複雑になるので、ここでは武器を使わないストライクについて話を進める。

社会通念としてのスペースはもう少し洗練されたものだ。心理学者は近接空間学（人が他人との間に必要とする空間の学問）の一部として対人距離の研究をしているが、学術界の複雑な言い回しなどを省いて簡単に言えば、対人距離には次の三つの種類がある。

◎社会的距離（1メートル～3メートル）

見知らぬ人と、あるいは公式な場所で用いられる距離。

◎個人的距離（50センチメートル～1メートル）

友人同士、同僚同士の間の距離。

◎密接距離（0～50センチメートル）

恋人同士、家族間、ペットとオーナーとの間の距離。

この学問上の定義を、ミカエルの格闘のフレームワークに適用すると面白い。ミカエルが相手に対して距離をおいたり、ストライクを打ったりするのは次の三つの言わば格闘的距離に基づいている。

・**安全性（快感）**

・**苛立ち（不快感）**

・**衝撃**

これらは明らかに学問上の対人距離と関連性がある。社会的距離を取るゾーンでは比較的安全を感じ、個人的距離をおくべきゾーンに立ち入られると苛立ちや恐怖を覚える。そして対決シーンでの密接距離では体のぶつかり合い、つまりパンチやプッシュ、掴み技などが生まれるのだ。普段の生活における密接距離での衝突とはキスや抱擁となるだろう。つまり、近接空間学でも格闘においても同じように三種類の空間が存在する。簡単に、快感（Comfort）、不快感（Discomfort）、衝突（Impact）として説明しよう。まず、それぞれの英語の頭文字を取ってＣＤＩスペースと名付ける。不快（Discomfort）空間は文化圏によって違いがある。中近東や地中海沿岸の人々は北米人と比べて、対人距離が短くても一般的に快適だと感じる。

ＣＤＩ空間の概念は、ストライクで相手との距離を理解する際に実用的である。この概念を用いるとシステマストライクの構造や心理状況が理解でき、効果的に練習できる。多くのドリルがこの概念、またはこの概念の応用編に根ざしている。だが実際の闘争シーンを見てみると、CDI空間と同時に別の空間が機能しているのがわかる。**オペレーショナル**空間だ。オペレーショナル空間には身体的かつ心理的要素があり、CDI空間よりも動的で流動的である。CDI空間と同様、オペレーショナル空間にも快感ゾーン、不快感（苛立ち、恐怖）ゾーン、衝撃ゾーンがある。しかしオペレーショナル空間では、全てが個人の心理状態や場の状況に影響を受ける。

数メートル離れて二人が立っているとしよう。これはストライクが不可能な距離である。しかし大きな声で威嚇し、タフなジェスチャーを見せれば苛立ちや不快感、恐怖感を与えることができる。逆に、鍛えられた人なら、数センチほど接近されても全く動じない。ゾーンには境界線はあるが、それがどのように機能するかは様々である。システマのストライクの訓練では、CDI空間モデルを適用するとよい。だが常にオペレーショナル空間が存在することも気に留めていよう。

身体的空間、社会的空間に関係なく、武道家であれば必要なことが**楽にできる**ポジションを常に取っている必要がある。どんな動きをしても力んだり、障害を作ったりしてはならない。そして相手には、ミカエルの概念を借りれば、危険を察知するまではできるだけ長く快適な状態、つまり何も気づかない状態であってほしい。これがミカエルの目に見えないストライクの秘訣だ。この秘訣の素晴らしいところは自分が快適で恐怖心が無くリラックスした状態にあると、相手に知られずに相手の不快ゾーンに入り込むのが簡単になることだ。

硬直し怒りや恐怖を秘めながらアプローチすると、相手は咄嗟に強い不快感を覚える。穏やかで自信に満ちたオペレーションではストライクの成功率が高く、相手を（仮の）快感ゾーンから肉体的不快ゾーンへと即追いやることができる。ヴラディミアとミカエルは、しばしばそういったデモをする。システマの「目に見えない」ストライクの構成要素は、相手に対して**どんなリアクションも取らせないアプローチとストライク発射の技術**である。

ストライクが見えないことは必ずしも必須ではない。実際に相手にはストライクが飛んで来るのが見えているかもしれないが、鍵となるのは、**その存在を認識していても相手は気に留めていない**ということだ。気づいた時にはすでに遅しという状態である。

ミカエルが考える「目に見えない」ストライクの鍵は、相手の不快空間の奥まで見えないまま入り込むことである。その不快空間をホームストレッチと呼ぶ。それは、相手が突如危険を感じ自己防衛に走るか、少なくとも何らかのアクションを起こす準備をする個人的空間である。見えないと感じるのは、パンチがホームストレッチの外側の縁に静かに恐怖心を与えずにアプローチするからである。これはアプローチの段階で、相手には見えていたとしても至って普通のアクションとして受け取られ、相手にとって不快ゾーンの外（ホームストレッチとの境界）にあるからである。

仮に手を上げて相手の方へ伸ばしたとしよう。その時、相手に自分の肩が見えてしまうようでは駄目だ。力みがある証拠だ。相手はこの段階でも何も気づかず自身の快適空間にいるべきなのだ。ストライクが突然ホームストレッチの領域を超え、相手と接触すれすれまで伸びる時、それは「目に見えない」ストライクになる。

ストライクは穏やかに放ち始め、素早く放ち終えると「目に見えない」ストライクになる。ここで興味深いのは、相手側のホームストレッチの長さは相手というよりは自分次第であることだ。よりリラックスしてアプローチをかけると、相手のレスポンスを引き出さずに相手のかなり近いところまで手が伸びる。

無防御の短い空間つまりホームストレッチのゾーン

で最後に速度を加え、ストライクを発する。一般の武術で見られる「スピーディーなパンチ」などの技ではない。ここで紹介している概念を欠く一般の武術では、トリックなしの生の体から出すスピードが非常に重要だ。一般の武道家は攻撃のシグナルを遠くから出すので、相手が早い段階でディフェンスの構えを取る。これではホームストレッチの空間が大きくなり、ストライクは長い空間を超えなければならない。従って一般の武術ではリアクションを遮るために、長くスピーディーなパンチを習得する必要がある。システマでは最初からディフェンスを引き出さないことに焦点を置いている。

肩に力をこめ、拳を上げて戦う準備はできているぞとばかりにアプローチしたら、相手も準備をする。しかし特別な構えなくリラックスしながら呼吸も表情も穏やかに歩み寄ると、簡単に素速く強烈に相手のどこでも打つことができる。相手を脅かさずにアプローチしたからだ。

これは、武術の訓練として朗報である。スーパーアスリートではない普通の人でも、身体面と心理面で自身のコントロールを習得すれば、この強力な目に見えないストライクをマスターできるのだ。

ミカエルとヴラディミアは、アプローチ段階で**視覚効果**を使うことがある。相手が気づく前にストライクが相手のホームストレッチ内に入るように、体とストライクする腕のポジショニングを再調整するのだ。そのスピードは実際よりも速く感じられる。どこからストライクが来るのか見失うほどだが、速度への依存度は低い。第7章「ストライクのトレーニング」の「SETの三つの軌道」でこのアプローチのオプションについて説明しよう。

もう一つ、目に見えないストライクを促進する要素として、**意表を突く狙い方**がある。ヴラディミアのストライクは体にヒットすると、想定外の痛みと精神的ショックを受ける。意識が朦朧《もうろう》として、どのようにス

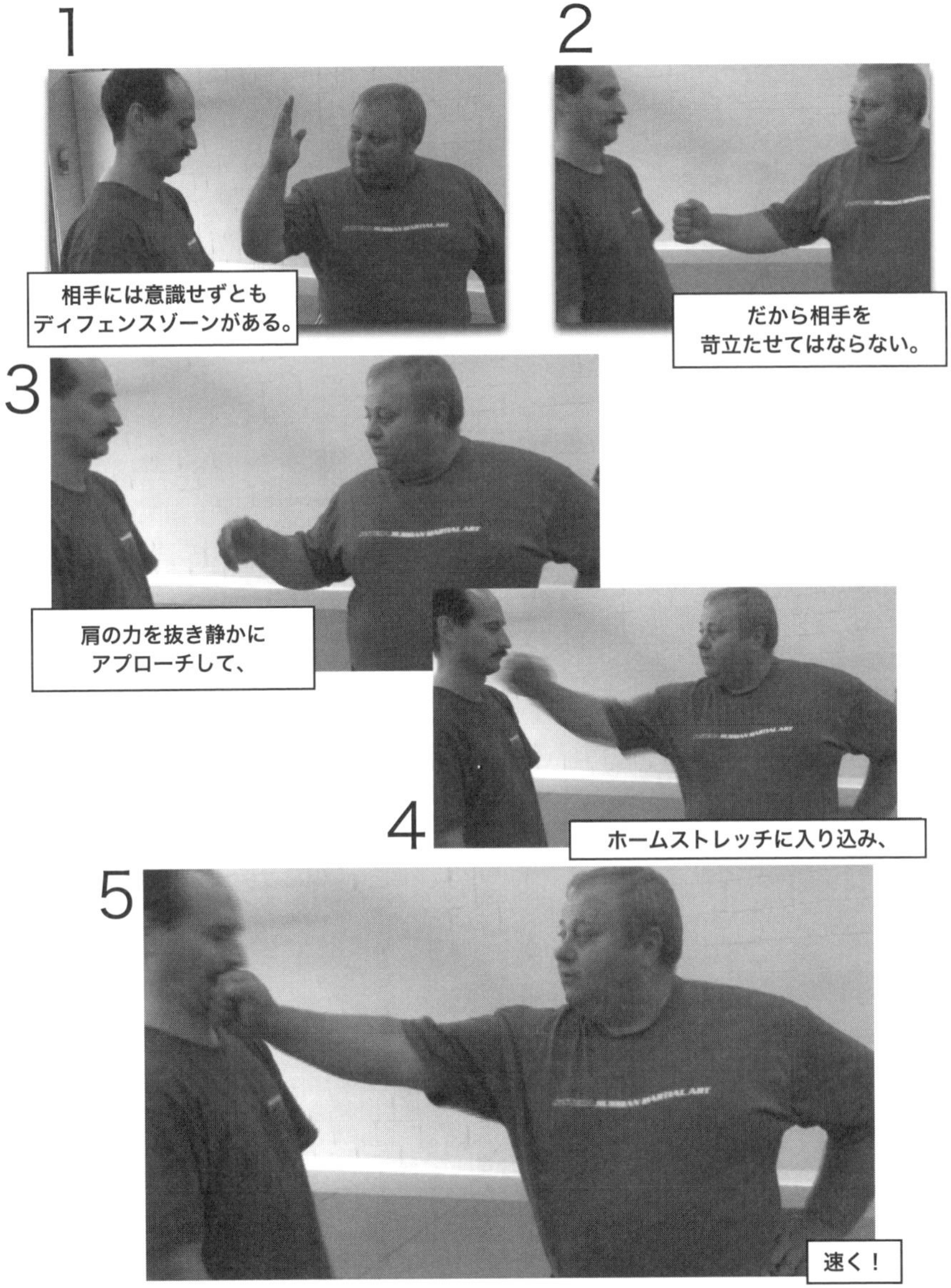
1
相手には意識せずとも
ディフェンスゾーンがある。
2
だから相手を
苛立たせてはならない。
3
肩の力を抜き静かに
アプローチして、
4
ホームストレッチに入り込み、
5
速く！

ミカエル・リャブコが、不快感ゾーンとその正しいアプローチを示す。

トライクが飛んで来たのか覚えていない状態になる。第6章「ターゲット」と、第7章「ストライクのトレーニング」の「SETの三つの軌道」で、この話をさらに進めたいと思う。

闘争には無限の形がある。自分が正しい場合もあれば間違いを犯してしまうこともある。相手が煮えたぎる怒り、背筋が寒くなるほどの怒りを示したりすることもある。運転中に突然キレ出すドライバー、酒場の乱闘、ストリートファイト、獰猛な犬、錯乱状態の同僚、あるいは暴力団からの襲撃や誘拐など色々な危険が潜んでいる。組織トップの護衛やクラブハウスのドアでのセキュリティ任務、人質救助隊などにはプロとしての前提条件や制限事項がしかれている。そしてプライベートな課題としては、学校でのいじめや結婚式での酔っぱらいなど数知れない。

レスポンスのスタイルは個人によって違う。ミカエルは犯罪者やフーリガンに対して、控えめな態度で接する。簡単に対処できるのが誰の目にも明らかな場面でも、彼はわざわざ下手に出たり、死んだ振りをしたりすることもある。ヴラディミアはそういった状況を何度も目の当たりにしたが、彼自身のレスポンスは多少違う。

私はシステマのスタイルを研究すればするほど攻撃的でなくなると信じている。運転も注意深くなり、他人に対してすぐに腹が立つことがなくなるし、彼らに喧嘩を仕掛けることもしなくなる。同時に犠牲者である必要はなく、何度も謝る必要はない。真っすぐに相手に向き合い「起こってしまったことはどうしようもない。解決方法を考えようじゃないか」と話し合いの姿勢を見せればよい。相手も同意するだろう。システマを研究すると、ポジティブなエネルギーとクリアな思考が生まれるのだ。

時に優れたファイターは申し訳なさそうに、ひ弱に振る舞うこともあるが、実際彼らには隙がない。ミカエルが「私が悪かった」「私は貧乏だ」「私は本当に醜い」と低姿勢で状況を切り抜ける方法にも敬意を払う。私は彼が喧嘩を仕掛けられるのを何度も目にした。そういう時、彼は自分が悪かった、自分にも憤慨している、と相手に同意するのだ。どういう訳かミカエルのこの方法は常に状況を元通りにしてしまう。相手が彼の生徒になることもある。

私の方法は「すみません、聞いてください。喧嘩はしたくないけれど、必要であればそうしても良い」と相手に言うことだ。どのように相手に話すかが大事である。だが、いつもファイトの準備ができていればそれが起こることは稀なのだ。「心の中での準備」は、通常のシステマのトレーニングを通して培える。体格、レベル、年齢の違う複数の相手とのドリル、あらゆる種類の衝突、コンタクトワークはすべて心の中での準備を可能にする。

仮に路上で過ちを犯したとしよう。相手がギリギリのところで逸れたか止まったので、事故に至らずに済んだ。しかし相手は怒りが止まらず、悪態をつきだす。その時「君は俺を助けてくれたヒーローだ。なぜそんなに不機嫌になるのだ。俺にできることはないか。花束か何かプレゼントしようか」と言って相手の思考回路を整える。あるいは、ただ笑って終わりにしてもよい。

何事もスムーズに。人の邪魔をしない。危険地帯に迷い込んでしまったら慌てず止まらず。止まると人に気づかれる。差し迫った現状況ではなく未来に目を向け、そこに意識を持っていく。そうすると周りの人に気づかれないものだ。別の次元に身を置いていることになるので、喧嘩を売られたり、危害を加えられたりしない。しかし打つ時は決定的に打つ。システマでは攻撃的にならない。我々のトップクラスの生徒達くらいに強いストライクが打てるようになるトレーニングはそう多くは存在しない。人は

リラックスしていると、より強く打てるようになる。

■ショートワーク

ショートワークとはその名の通り近距離からのストライクだが、ヴラディミアの概念はより深い。高度に集中させたパワーを相手に気づかれずに瞬時に使えることだ。緻密なコントロールとタイミング、相手と自分の力の合成によってなし得る。

ショートワークは、相手の緊張と自分のリラクゼーションから成る。まず、格闘相手の力んでいる部分を察知する。時には相手に緊張を強いることも必要だ。こちらのストライクや動きを相手の緊張にぶつけ、バウンスさせるのだ。そうすると、一つの動きで複数のストライクを打てる。ストライクを打つ時に腕を途中で止めたり、ヒットした直後に停止したりしない。その結果、力が自分に跳ね返ることなく次々に色々な角度へストライクを発することができる。ショートワークは複数の機能を持つ。ディフェンス、オフェンス、相手からの攻撃の方向転換や停止などだ。

相手の緊張度が高ければ、自分のショートワークの速度が高まる。といってもパンチが速く軽くなるということではない。ショートワークでのパンチは重くて強い。正しいショートワークはどの方向に発しても正確である。腕以外の部分がどのような状態であれ、腕の一部に力を入れ動かすことができる。ショートワークに対抗して相手がディフェンスするのは至極難しい。緊張した体には破壊的な結果をもたらす。ショートワークの対処方法はただ一つ。緊張を取り除くことである。

ショートとは、体の特定部分をターゲットにするという意味もある。例えば単に顎、口、という意味だけの場合もある。体の部位そのものというわけではないが、その部分を打つのが目的であることを理

解しているということだ。小さな釘とハンマーを持っているとしよう。両方とも小さいので仕事には緻密な正確さを要する。またどのくらいの力が必要かについての計算も緻密にしなければならない。つまり、顎を打つと決めたらそれに必要なだけの力を使う。大きく腕を後ろに引いて反動をつけて打つ必要はない。軽く打てば相手は倒れるだろう。ゴールを顎に決め、正確に打てばそうなる。ゴールは腕、あばら骨、どこでも良い。大勢に捉えられたら、彼らの全身をただ打っても効果はない。幾重にも重なる緊張の間を行き来するとでも言ったら良いだろうか。そうすると、彼らにこちらの体が見えなくなる瞬間がある。彼らの体の緊張部分がこちらの動きをブロックするので一瞬見えなくなるのだが、すぐに現れるという感じだ。

体の中の様々な「層」をターゲットにするというトピックについては、第6章「ターゲット」で詳しく説明する。

もう一つのショートワークの特徴は、ヒットの方向を利用する、操作することだ。ランダムにターゲットを打たない。ショートワークはとても精密で、一つ一つの成果はその直前のアクションに基づいている。例えば、相手に向かって下方向に打つと相手は当然前屈みによろめき、顎や顔にパンチを打ちやすい位置に相手の顔が来る。相手の体がどのような体勢になるかが読み取れると、ショートワークは簡単だ。パンチを打つ度に相手が自分の拳の近くに来る。だからショートワークとなる。

ボクシングではパンチの種類に番号を割り当て、その番号をセットにしてトレーニングすることがある。例えば、1、2、3、2と言ったら、ジャブ、ストレートライト、レフトフック、ストレートライトとなる。ボクシングのジムではトレーナーが番号を矢継ぎ早に言い放ち、選手のパフォーマンスを観察するが、このようなパターン化したトレーニングはシステマのショートワークの合理的で突発的な動きとは全く別次元のものだ。数えきれないシステマストライクの種類に、独創的に識別された幅広いターゲットの数を掛け合わせてみる。システマのストライクのコンビネーションは無限で、ボクシングのパンチのトレーニングセットのようなプログラムは作れない。

システマでは、ストライクの典型的な効果がわかっていると、その場の状況、相手のリアクション、周りにある全ての要素と創造的に組み合わせて、正確で有益な結果をもたらすことができる。前述のパターン化したボクシングのトレーニングと同じではない。ショートワークは、自分と相手の位置と緊張の度合いを合理的に正確にコントロールし、相手の動きを方向付けるストライクを放って時間と距離を短縮する。

このスキルは、拳で相手をプッシュする拳押し訓練で習得可能だ。

相手を下に上に横にとプッシュし回転させ、中央に戻す。プッシュする度に相手の体がどのように動きどんな向きになるか、そして新しいポジションによって相手が次のプッシュにどう備えるかを観察する。この訓練では、最初はゆっくりと拳で相手をプッシュする。

この訓練では、自分と相手の両者が「普通の心理状態」になれる。拳押しはパンチと違い、受け手に安心感を与える。安全だと感じているので、自分の体を使わせるのに抵抗がなく、受け手自身の勉強にもなる。拳で相手を押す側は、押した衝撃でどのくらいの力が自分に戻ってくるかを観察することが重要だ。

第5章

ツール

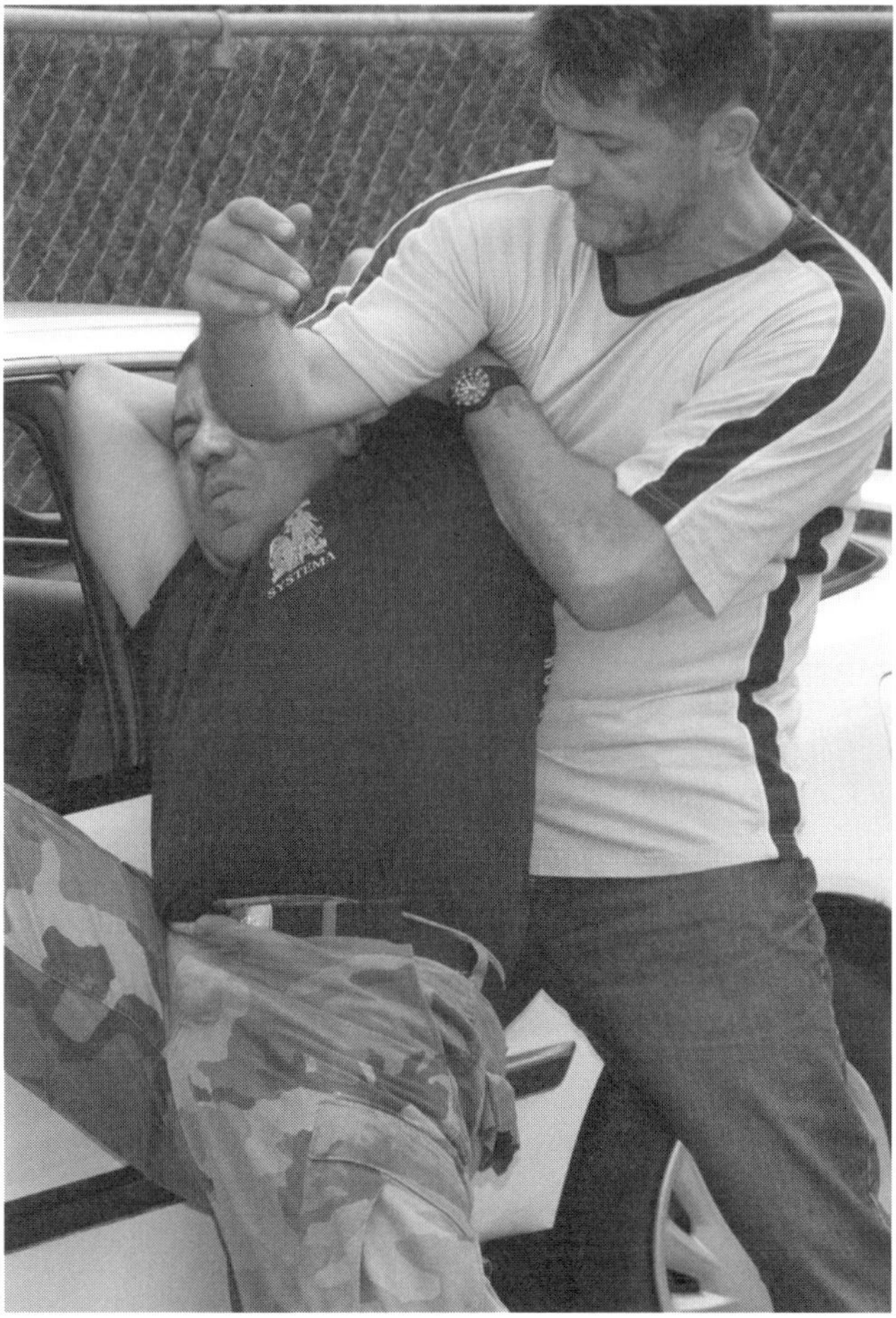

アルファベットを覚えるのが、知識習得への最初のステップ。

（ロシアの諺）

■拳の単独コンディショニングプログラム

本章ではストライクに使える身体部位（ツール）について説明する。最も基本のストライクツールは拳だ。拳を最初に研究しその原則を理解したら、システマで使うツールの全てに適用できる。

システマの拳の基本的概念はシンプルだ。常に緊張の無い状態を心がける。拳にはどれくらいの力を入れるべきだろうか。**手首を真っすぐに保つだけの力で充分だ**。拳の形を作るだけだ。その形はパンチの直前に作る。その詳細は後で説明するが、システマのストライクは手を開いた状態でアプローチし、打つ直前に手を柔らかく閉じて拳を作り、最後にほんの少し力を込め、自分の手を傷つけないようにターゲットに衝撃を与える。

ヴラディミアは素速く軽く拳を作るのだが、その威力はハンマーのように強烈である。天性のものだろう。世の中にはそういう人が何人かいる。偉大なるボクサー、ロベルト・デュランのニックネームは「manos de piedra（石の手）」だ。もちろん手は拳を意味する。彼のパンチは相手を即ノックアウトした。何よりもこのパンチを手に入れたくて、多くの人は日夜トレーニングする。

ロベルト・デュランが持つ天性のパンチ力を持っていなくとも、システマにはそれを可能にする属性を養う方法がある。「manos（手）」という言葉を使ったのは賢明だ。ノックアウトパワーの源は、拳を作る前の手にあるのだから。

レンガの建造物を考えよう。レンガがどんなに美しく頑丈そうに積み上げられていると語ったところで、それが砂や埃で作られていたとしたら論外である。同様に、拳を強化せずに強いパンチを打つことはできない。そして拳の大きさは手と指で決まる。

指は**強く賢く**なくてはならないとヴラディミアは言う。**強い**のは言わずもがなだが、**賢く**とはどういうことか。指は何かを抑えたり抑えから逃れたり、刃物を扱える器用さ、賢さが必要である。パンチのアクションは一見シンプルに見えるが、拳を作りターゲットを打つ時でさえ、指は強くかつ精密でなければならない。

◎グラブを装着しないと

甘い嘘より、苦い真実のほうが良い。

（ロシアの諺）

システマはボクシングではない。手にテーピングした上にグラブを着けることはない。実際にテーピングしてグラブをつけたまま一日中歩くことは不可能だ。

だがそれ以上に、グラブを使用しないというのはシステマの原則、**「己を知れ」**に直結しているのである。

グラブを着けると心理的な錯覚に陥る。打っても打たれても、それが本当なのか分からなくなる。だが素手の関節ストライクは、ボクシングとは別の心理状態をもたらす。熟練ボクサーのグラブを着けたパンチは破壊的だが、素手のパンチを打ったり受けたりすると別の心理が芽生える。相手との関係が突然パーソナルになる。ボクシングが相手を銃で撃つような感覚をもたらすのに対して、素手のパンチはナイフで刺すといったところだろうか。グラブと素手にはその違いがある。また素手での格闘には、グラブを装着した時に比べ、いくつものバリエーションがある。

前述のヴラディミアの言葉は、私自身の経験からも真実であると実証できる。私は十代の頃から趣味としてボクシングを嗜み、伝説となっているボクシングジムWild Cardをはじめ、米国の東海岸、西海岸、東京にある数々のボクシングジムでトレーニングをした経験がある。試合に出た経験こそないが、スラム街の悪ガキ達とのケンカをはじめ、米国のオリンピックチームのメンバー、ランク付けされたアマチュアボクサー、プロ成り立てあるいはリタイヤ寸前のプロのボクサーとタフなラウンドを何百と戦った経験がある。

一つ鮮明に覚えているのは、アメリカ人の上級システマインストラクターとのセッションだ。彼とボクシングのルールに則り、グラブを装着せず素手で5、6ラウンドのスパーリングをしたことがあった。彼はグラブを着けないことでグラブを装着した場合の効果を私に教えてくれたのだ。

自分で言うのははばかるが、私自身そこそこのディフェンスファイターだと思っている。速いスリップと頭や肩の効果的な回し方が持ち味だと思っているのだが、グラブを着けないと私のディフェンススキルは無効化されてしまう。グラブが私のボクシングの一部であることを強く痛感させられたセッションだった。そのシステマのインストラクターと私は体格もほとんど変わりなく同じ階級に属するが、彼は素晴らしいボクサーだ。グラブを着けている時には表れない私の欠点を見事に見抜いてしまった。どのパンチも私には個人攻撃のように感じられた。感情が揺さぶられ、グラブを着けていたら起こらないかもしれない怒りがこみ上げてきたのだ。「こんなこと許される訳がない！」「気でも狂ったか？」と愚かにも心の中で叫んでいた。高ぶる感情を抑えることができなかった。グラブを着けていれば、そうはならなかったであろう。

彼はセッション中、一度たりともクインズベリー・ルールに反して動くことはなかった。それが彼の沈黙の教えだった。純粋なボクシングの条件下でも、グラブ無しで戦うと独特な感情が芽生える。

後に彼とのセッションを静かに考えている時、あることに気づいた。あの時彼はクインズベリー・ルールを守っていただけでなく、グラブ無しの条件を悪用せずに私の腕や頭にパンチを打っていたのだ。彼は正にグラブを着けた熟練のボクサーがするように、私をコーチしていたのである。古参のボクサー、特にヘビー級に見られるが、彼らは相手の腕を猛烈に打つことで相手を疲れさせるのが得意だ。ただ数ラウンド、グラブを着けてプレーしただけではその効果は生まれない。（少なくとも私には利かないのだ。なぜなら私は手の動きが速いので捕まえるのは楽じゃないと言われたことがある。）システマインストラクターとのセッションが通常のボクシングのスパーリングと違っていたのは、グラブを着けないという要素だけであった。

グラブ無しのさらなる教訓はヴラディミアから学んだ。彼はストリートファイトに見られる素手のファイトでは、システマの基本を応用すればボクサーが相手でもそう難しくはないと言った。ヴラディミアがボクサーと一戦を交える時は、純粋なディフェンスモードで挑む。（ボクシングのディフェンスモードの時の彼の側には絶対近寄らないほうが良い。）また、リクエストがあればクインズベリー・ルールに従ってプレーする。ノーキック、ノートリックだ。だがそれでも相手はやられてしまう。

ヴラディミアは自分の体と頭を常に相手のリーチが届かない場所に位置させる。彼に対してパンチを打とうとすると、それがフェイントであれ、強打であれ、手を伸ばした瞬間にヴラディミアがその腕や手にくっ付き動けなくなる。くっ付くとは適切な表現ではない。大きな有毒のは虫類の牙が沈み込んでくる感じだ。その腕は即使えなくなる。この動きはボクサーの戦う能力をその場で断ち切ってしまう。ここにグラブ有りと無し、さらにスポーツとシステマとの大きな違いを見るだろう。

システマインストラクターは、クッションの利いたマットは偽の友人だと指摘する。マットに倒れたり転がったりする時、自分の力み、躊躇、不器用さ、あるいは別の危険を招いてしまう過ちに気づかない。反対に硬い床は真の友人だ。即、力みやミスに気づかせてくれる。同様にボクシングのグラブは自分の弱点やミスを隠してしまうので偽の友人である。

そうではあっても、後に取り上げるが、システマは訓練していない素手でパンチを打てば怪我を負ってしまうような頭などの骨張った表面へのパンチを取り入れている。タフなプロでも人工的サポートが無ければ手を折ってしまう。次の言葉を考えてみよう。

マイク・タイソンにとって、イギリスのフランコ・ブルーノの挑戦を受けての世界ヘビー級のタイトル防衛戦は危険にさらされている。チャンピオンは、かつての対戦相手ミッチ・グリーンと早朝のストリートファイトで右腕を痛めた。

（『Associated Press』1988年8月24日）

カナダのファイター、シャヴァー・ヘンリーにも同じことがあった。

2006年、ヘンリーが手を故障した後、長い間復帰できないことがあった。怪我はリング上ではなくトロントの街中で仲間達と一緒の時に起こった。ある男がヘンリーに言いがかりをつけパンチを打ってきた。ヘンリーは咄嗟にパンチを打ち返し、相手を血まみれにした。しかし彼はその夜、右手の治療のために病院へ行くことになった。そして感染によって右手切断が余儀ないかもしれないと言われたのである。

（『Bramton Guardin』2014年9月3日）

システマは自分自身を鍛え、常に良好な健康状態を保つためのシステムだ。自分を危険にさらすことはしない。故にこの章の自己コンディショニングのプログラムで説明する方法は、危険を避けつつもパワーを放つための手を鍛えるという点で重要である。自分のいわゆる「石の手」は、相手にとっては硬い岩のようでなくてはならない。だが自分には相手を打つ時でさえも常に柔らかく、自分を守るクッションのようでなければならない。

ここで紹介する拳のコンディショニングプログラムは、素の関節でのショートワークの必要条件である。骨張った体の表面を打つ場合にも適用する。骨張ったターゲットに対しては、長いスパンのノックアウトパンチは打たない。前述のような怪我をしてしまう結果となる。手と体の緊張を理解しコントロールできると、短いスパンでより精密に効果的なパンチを放つことができる。

ドリルを紹介する前に、ここで一般的なアドバイスを送りたい。

重たい拳を作るには肩をリラックスさせる。適切な構えも大切だ。少しでも前屈みになると肩が前に出て自分をロックしてしまう。真っすぐに立つと全身がリラックスでき、腕が重たくなる。真っすぐな姿勢で自然な拳を作り歩く練習が、重たい拳を作るスタートだ。

この章で紹介するトレーニングは、単に拳を鍛えるだけではない。障害物が皆無の状態でフルにパワーを出すための拳の作り方を学ぶ。その鍵となるのが、ファイトでの正しい距離の取り方、狙い方である。

正しく拳を作ると、ファイトで距離の取り方がわかる。抵抗するものが何もないからだ。テーブルの上のコップを取り上げる時、単にコップに自然に手を伸ばす。その動きをブロックする動作は何もない。だが身体全体に過度の緊張があると、拳や手首にパワーを集中させることができずに痙攣を起こし、正しく距離を置くことができない。

システマのプログラムには何百ものドリルがある。

システマを構成する各パーツには全体象が含まれている、つまりシステマはホログラムだと説明した。だからどんなドリルでも心と体を鍛え、ストライクが打てるようになる。この章では、**最小の努力で最大の結果**をもたらすトレーニングを紹介しよう。「石の手」を作るための段階的に進歩するプログラムである。

システマはグループで練習するとベストであるが、現代の生活ではそれが難しい。ここで紹介するのは個人用基礎練習なので、一貫したトレーニングのレジメンを作りたい。まず、指、手、拳の正しいコンディション作りのための**五つの単独基本練習**からなるミニプログラムを紹介しよう。これをFIST（Five＝五つの、Indispensable＝不可欠な、Solo＝単独、Training＝トレーニング）と呼ぶ。**拳（FIST）のための五つのトレーニング**と覚えておくだけでも良い。

◎**拳のトレーニング❶「動かす」**

まず拳と手首を温めて血流を良くし、細胞組織を活性化する。ヴラディミアは格闘と健康の両方の基盤作りとして、このステップが良いと強く訴える。

ヴラディミアは一方の手首をもう一方の手で掴み捻ることから始める。手首と前腕の皮膚、筋肉、腱をもう一方の手で大きく回転させる。掴まれている方の腕は完全に受け身である。次に、掴んでいる方の手を受け身の手首の回転と逆向きに回転させる。続けて掴んでいる手の位置を上下にスライドさせる。また掴む角度を変えたり、掴み方を下から上からと変化させたりして行う。最後は指を自由に動かしながらこれまでの動きを続ける。

ファイターに行うマッサージの一種を自分に施す感じだ。

もう一つこの種の類いのトレーニングに、掛けられた手錠を外すというものがある。締め付けない程度に硬く手錠を掛けたら、手と指が細いシリンダーの中に入っているかのようにイメージし小さく回転させる。次に手首を濡らし手錠をスライドさせて外すのだ。この練習は、手をもう片方の手で握りしめてシミュレートできる。前述の手首前腕のマッサージは手首を掴むが、手錠シミュレーションでは、手のひらの両端を反対の手で握りしめる。その状態で手を細くすぼめ、シリンダーの中に手を入れ込むように細く回していく。

自宅でのヴラディミア。手、手首と前腕の回転のデモ。

痛みをガイドにせよ。痛みを感じる部分が弱点あるいは緊張箇所である。痛みの限界までトライするが、限界を超えないよう無理強いはしない。

◎拳のトレーニング❷「グラブを外す」

システマのファイターがグラブを装着しないのはすでに説明した。システマはスポーツではないからだ。だがトレーニングにグラブを使うことがある。基本的な身体調整のトレーニングで使うグラブは、手にきちんと収まる比較的軽い物が良い。スキー用の大きめなグラブや医療用の極小さくきついグラブは適さない。

普段生活で使う革製、ビニール製のグラブがベストだ。後に色々な素材のグラブでトライしてみると良い。

グラブを片方の手に着け、外す。それだけだ。一つだけ注意点がある。それは**グラブを装着している手の動きを助けてはいけない**。グラブを着けていない方の手でグラブを引っ張ってはいけない。口を使ってもいけない。膝の間にグラブを装着した手を挟みスライドするのも駄目だ。ルールは理解できたと思う。グラブ装着の手を下に向け重力に任せて外したり、手を振って外したりするのも違反である。グラブの手は真っすぐ上に向け天井を指すようにする。

グラブの素材によってきつすぎたり、手首の周りにゴムが装備されていたりする物があるが、外すまでに要する時間は10分。永遠にかかる場合もあるだろう。1分以内に外せるようなら、グラブをよりきつい物に変えてトライしてみよう。片手に着けたグラブを外せるようになったら、次は両方の手にグラブを着け同時に外す訓練をしよう。ゴールは両方の手を同じように動かして一度に両方のグラブを外すことだ。

心と体の状態を常に意識し、注意を払い続けることがこの練習の目的の一つだ。この練習は神経経路の製造過程の感覚をリアルタイムで与えてくれる。指を慣れていない方法で動かすので、集中力が高まり呼吸するのも忘れてしまうだろう。

肩に力が入ってしまうなら、その理由を考える。肩の力が必要だろうか。呼吸は断続的になっているか、乱れているか。滑らかな呼吸に戻せるか。滑らかな呼吸になると上手くいくか。それとも困難になるか。練習中、自分自身の色々な状態に気づくことが大切だ。我慢がキレそうか。イライラしていないか。

グラブを外す練習には心理的な側面もある。まず動きが指から始まることから覚える。恐怖心や脅威が迫ると、最初に失うのは正確性を要する小さな動きであ

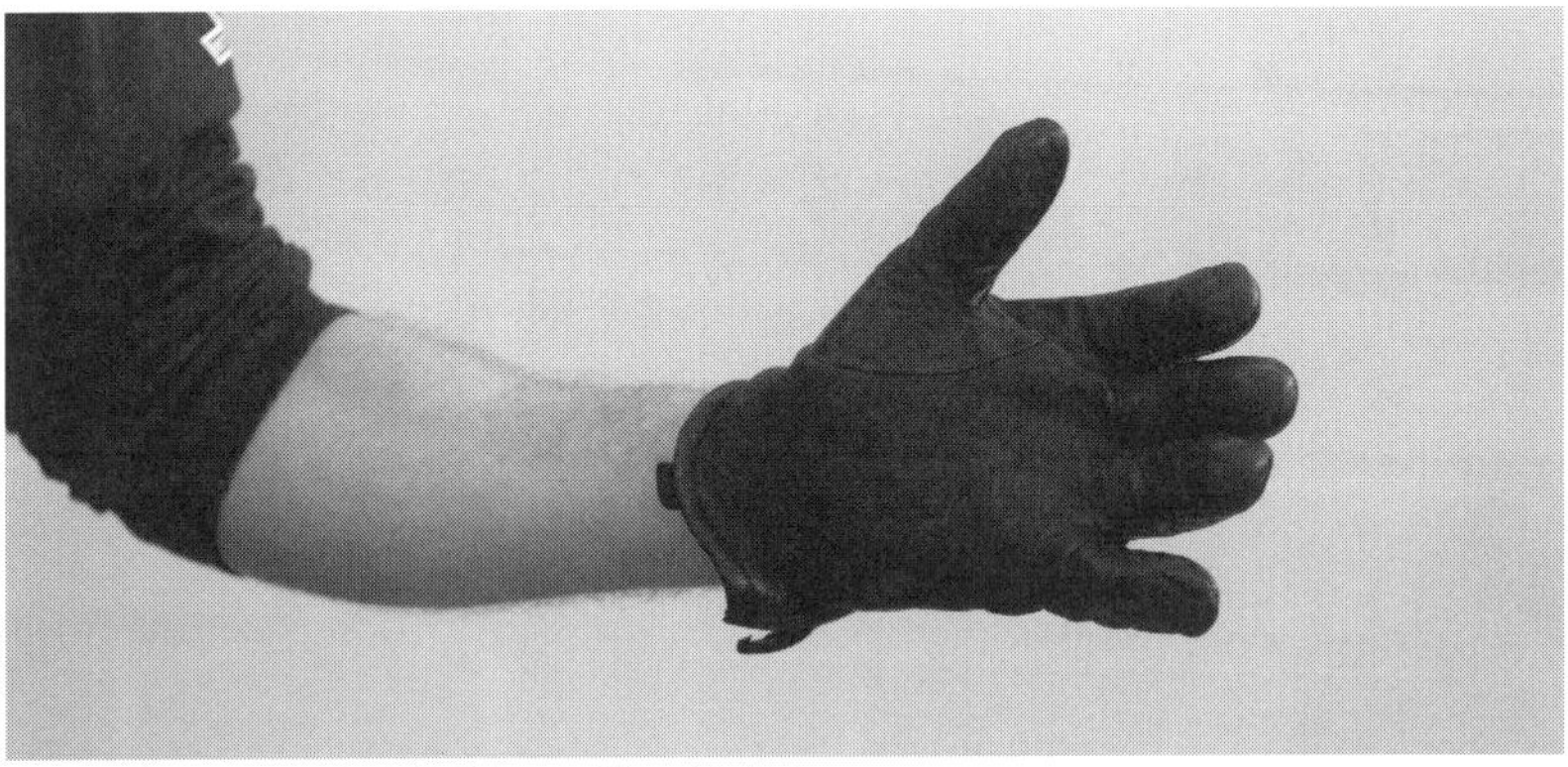

腕を伸ばし、手をクネクネ動かしてグラブを外す。

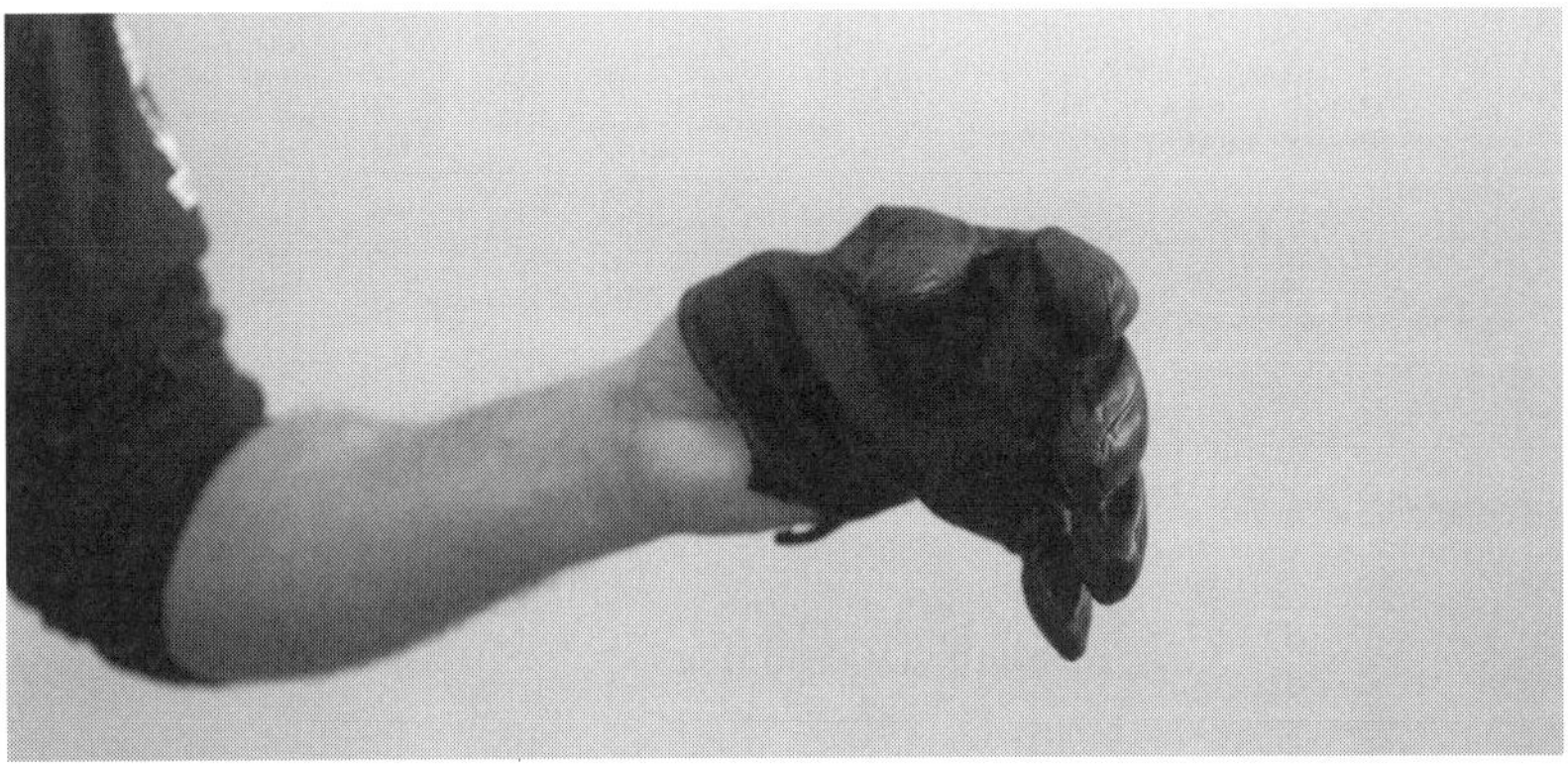

途中の様子。諦めない。

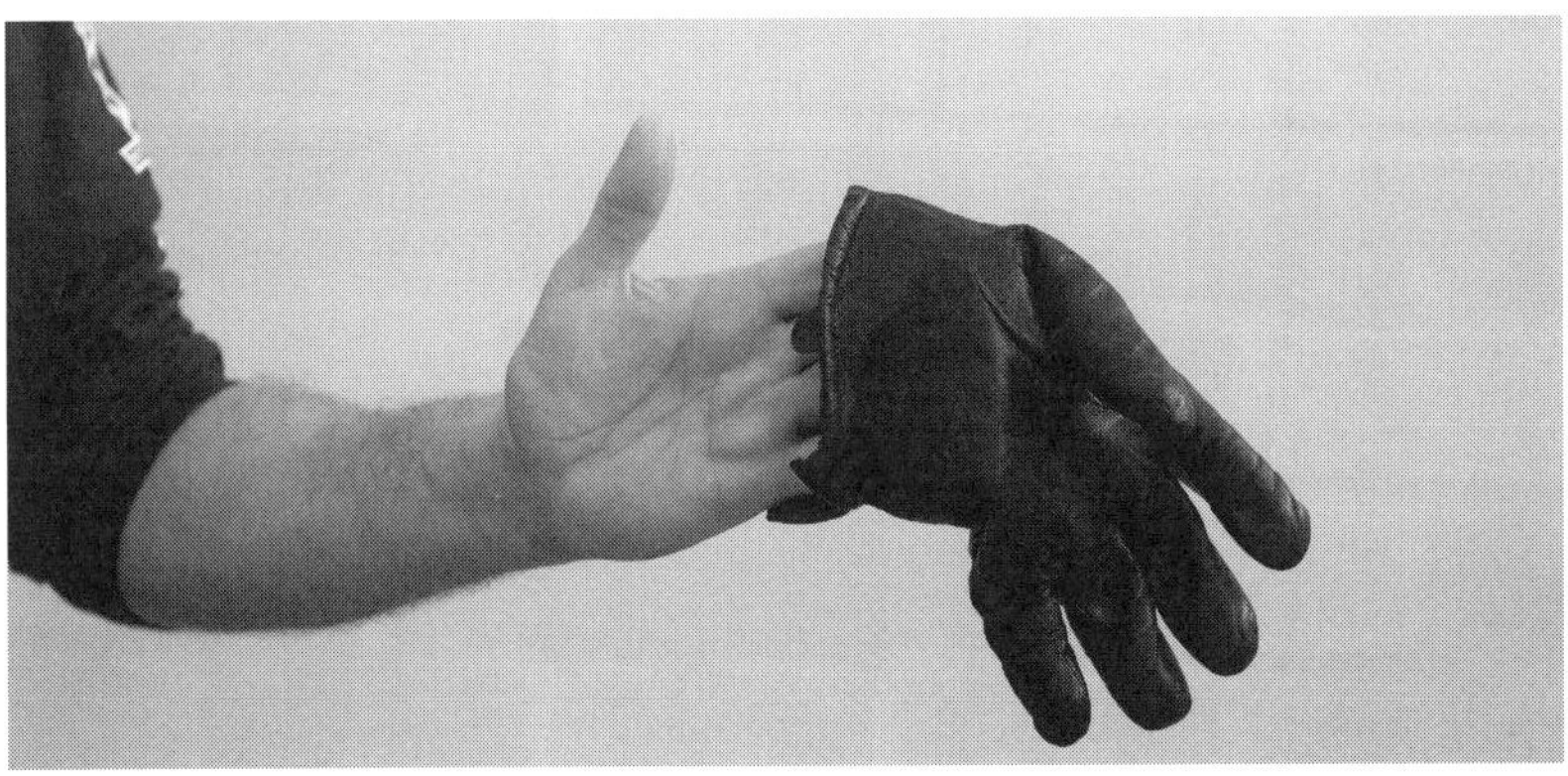

成功。

る。グラブの練習は手の小さな筋肉の動きを発達させ、それらの筋肉の動きを止めてしまうストレスに打ち勝つことを学ばせてくれるのだ。

グラブの種類や自身の感度によって、この練習の難易度が変わる。難しいと感じると、「大事なのはそのプロセスだ。試みることに意味がある」と言い訳をしたくなるだろう。ある意味真実だが、あまり好ましい考え方ではない。

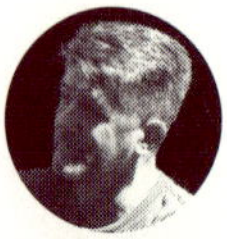

絶対に外すのだと、最後まで自分に言い聞かせることだ。

◎拳のトレーニング③「指を丸める（ロールアップ）」

次に拳を正しく作る方法を学ぶ。

1．指を伸ばし、全ての指をきつく付けた状態で手を平らに開く。次に指の一番外側の関節から徐々に折って指を丸めていき拳を作る。関節ごとにゆっくりと丸める。必要な筋力だけを使い、全てがピッタリと付くようにする。この練習では、局部的にコントロールされた機能的な筋力と、無意識で役に立たない単なる緊張との違いを理解することがポイントの一つだ。

指先はピタッと掌にできるだけしっかりと付けるようにしよう。多少震えがくるぐらい強く丸めるとよい。

掌に向けて指を丸めていく。指同士をできるだけ隙間無く付ける。指には多少の力を加えなければならない。指がある事実をしっかりと感じ取ろう。手を次第に閉じていき、親指を最後に閉じて完全な拳を作ると違った緊張が生まれる。パンチを放つ時に使う拳の表面に生まれるこの緊張は、良い緊張である。これが拳を作る時に持つ最初の感覚だ。拳だけを感じる。

パンチを打つ拳の表面には張りがあるが、それ以外の部分にはない。普通に拳を作ると前腕に張りが生じるが、ロールアップの練習では張りが拳のパンチを打つ表面部分だけに起こり、前腕にまでそれが伸びることがない。もちろん前腕の筋肉もパンチには必要だが、それはポジティブで有益な緊張である。

2. 拳を広げ、指も広げ、掌を最初の形に戻す。

3. もう一度掌を閉じる。閉じ方はプロセス1と同じだが、きつくは閉じない。1で作ったきつい拳の感覚を思い出しながら普通に閉じる。これが真の自分の拳となる。次に拳を開き、再びきつい拳の感覚だけを再生しながら、先ほど作った真の自分の拳を作る。きつい拳の感覚が再生できないようなら1に戻ってやり直す。

これから覚えておくべきことは、パンチを打つ時は拳だけを使い、前腕は使わないということだ。手をもう一度開き、普通に閉じて、ロールアップの練習で覚えたきつい拳の感覚を蘇らせる。その時パンチを打つ表面にできる張りこそが正に有益な張りだ。拳が重く感じられ、自分の中で戦いの準備ができていることに気づくだろう。ロールアップの練習の疲労感から発生した張りで、拳が重くなるのである。

そのイメージは一枚の紙を丸める感じだ。きつく丸められた場合には丸めた第一関節と第二関節に緊張が集中するが、紙を丸めるように閉じた拳は、形だけを有し、きつく丸められた拳にはない良い緊張がある。

拳を閉じる時はそれ以外に何も閉じない。腕をソフトに保ち、指だけが機能しているのだ。

ヴラディミアは私がトライする時、このように教えてくれる。

指はまだ君のものになっていない。（私の肩と上腕を指し）君はその部分を使っている。

さらに続けて。

上腕、前腕を意識せずに指だけをコントロールすると正しい拳ができる。指は生き物だ。拳の中であっても然り。指は一本一本、個性と強さを持っている。それぞれの強さをさらに磨くように練習しなさい。指一本一本の発達は、ショートワークのもう一つの基礎である。

前章で説明した七つの原則の一つ、「途切れない――動き続ける」を思い出そう。ヴラディミアは拳を閉じるのもやり方を間違えれば、中断したり、障害になったりするという。次のヴラディミアの斬新な教えについて考えてみよう。私がいつものようにボクシングの癖で無意識に拳に力を入れてしまった時のことだ。

君が拳を閉じる動作には、「自分を守りたいから」だというのが見え見えだ。

私は、「自分を守りたいのは当たり前だ、何が悪い」と即座に答えた。するとヴラディミアはいつもの冷静沈着な態度で続けた。まるで私を見透かしているかのようだった。「Killing Me Softly（ゆっくりと殺して）」という歌を思わせた。

心理的な反応だ。恐怖心を露にしている。

納得できない私はさらに続けて問いかけようとした時、彼はボクサーがこれ見よがしに行う腕全体を使った闘争心あふれる構えを真似して見せた。その瞬間、私は自分自身を、強張りを見た。彼の完璧な私の模倣を見て、私の全てが赤いネオンのようにフラッシュした。

彼は続けた。

私が拳を作る時は、君にパンチする時だけだ。そこが違う。

そう言ってヴラディミアは自分の掌を閉じた。私の真似をした時の拳と明らかな違いがあった。自分をロックせず、心の迷いもなく、肩、前腕に過度な力みがないばかりか、そこには感情が潜む余地などなかった。恐怖心など皆無。ただの冷淡さだけだった。

彼はさらに続けた。

自分を守るために拳を作る必要はない。相手を打つために拳を作るのだ。私は自分を守ろうとは思わない。ただ相手を打ちたいだけだ。それも自分を守ることになる。自分を守るためにブロックしたり、巧妙に避けたり、頭を引っ込めたりと躍起になって何かを避ける代わりに、私は単に相手を打つ。それだけだ。

私はこの時、全てが障害物、非連続性になりうるのだと分かった。「途切れない ― 動き続ける」という一見単純に見える概念は実に奥深い。

◎拳のトレーニング❹「プッシュアップ」

プッシュアップの基本的な姿勢には、たくさんのバリエーションがある。根本的な形はプランクポジションから始める。軍隊の訓練で見られる形だ。背中と脚を真っすぐに伸ばし、頭と背骨が一直線になる。システマの基本的なプッシュアップの形は『Let Every Breath』で解説している。

プッシュアップはシステマのエクササイズ全てを補強する基本的ツールである。拳や手を強化する以外にも色々な目的で使われる。システマに必要な属性を鍛えるために欠かせない基本的なブレスワークは、プッシュアップを通して練習できる。しかし、私はここで重い手とストライクのパワーを養成するためのプッシュアップという観点に絞って考えたい。

腕や拳のパワーを高めるにはどうするのが最善かという質問を受ける。システマのプッシュアップは、ファイトやストライクのスキルをアップさせる包括的な方法だ。

システマ全般を通じて最も重要なことは、過度な緊張を避けることである。前述のロールアップの練習は、力を拳と手首にのみ集中させることを目的に作られた。前腕、肘、肩などに過度な張りがあると、低い位置での動きに制限を加えてしまう。床近くまで体を低くするという動きが取れなくなる。基本的に自分の動きを妨げる結果になる。それは前述の基本概念の「障害物が皆無」に反する。故に、プッシュアップと一緒にロールアップを理解して練習することが大切である。

鍵となる部分は拳の表面、パンチを当てる部分と手首だ。拳を床に立て、体を床に並行にする。手首を真っすぐに保ち、体が崩れないようにする。手首以外の部分は意識しない。

プッシュアップの時、拳を床に立て床を感じる。拳を締めて形を作る。腕にギュッと力を入れてしまうと腕が緊張してしまう。ある程度までは体を下げることができても、床ギリギリまでは下げられない。拳と腕に不必要な力みがあると、プッシュアップの上下の動きを三分の一以上縮めてしまうのだ。だが、拳がリラックスしていれば、胸を床ギリギリまで下げることができる。

ストライクのパワー増強のために、プッシュアップはスピードに変化をつけて行うのが良い。普通の速さ、ゆっくり、静止状態が基本的バリエーションだ。それぞれが自身の練習プログラムの中でしかるべき位置を占める。

・「ゆっくりと」

プッシュアップでは少が多を生む。闇雲に何度も繰り返すよりも、スピードを下げることでパワーと自己認識力を高められる。

ゆっくりカウントしながら下がり、ゆっくり上がるのがベストだ。ロシアでは通常40カウントしながら下がり、40カウントして上がる。筋肉をリラックスさせて腱だけで行うと良い。腕を重くしたいなら、さらにゆっくりと行う。何度も繰り返すのではなく、1回をゆっくりとスムーズに行うのが大切だ。

ゆっくりと1回プッシュアップするだけで、自分の状態を確認できる。1センチずつゆっくりと下がっていくと、どこで苦痛が起こるかが分かる。その時点でポジションを変えずに関節を回すなどして、その部分に働きかける。スムーズな動きを妨げている部分を取り除くのだ。1回のプッシュアップだけでも多くのことが得られる。そのためにゆっくりと下がりゆっくりと上がる。1回のプッシュアップに5分くらいかかる。下がっていく途中で、張りや痛み、動きを妨げるポイントを実感するだろう。そうしたら手首を動かす、振るなどして自分の中の邪魔物を取り払う。プッシュアップの練習には高いハードルがいくつもある。しかし、武道家はどんなレベルでも対処できなければならない。

・「静止状態で」

拳を床に立てて腕を伸ばしたフルプランク状態、腕を曲げて途中まで下がった状態、さらに胸を床ギリギリに落とした状態をそれぞれ取るだけでも有益だ。

重たい拳を作るための練習として、腕を伸ばしたフルプランクの姿勢で10秒から15秒静止する。その後立ち上がると拳が

重くなっているはずだ。それより長い時間静止していると筋肉が硬くなり、感度も鈍ってしまう。数秒でも1分でもフルプランク状態を続けている間、拳に緊張が走り出したらパワーを失い始めている証拠だ。肩や床との接触面以外の部分に緊張を感じたら、即ストップすべきだ。その時点に至る直前で、リラクゼーションのピーク、さらに拳・腕のパワーのピークに到達している。

これが通常の何度も繰り返し行うプッシュアップとの違いだ。何度も繰り返す練習も悪くはないが、遅かれ早かれ筋肉が疲弊してしまい、パワーも失われる。人はファイトモードを力んだ状態だと考えているので、リラックスするとパワーが出ないと考える。「リラックスしたまま、どのようにパワーを保持するのだ。パラドックスだ」と思うのだ。

私がプッシュアップで静止状態を続ける時は、床だけを感じるようにする。自分の体は考えない。練

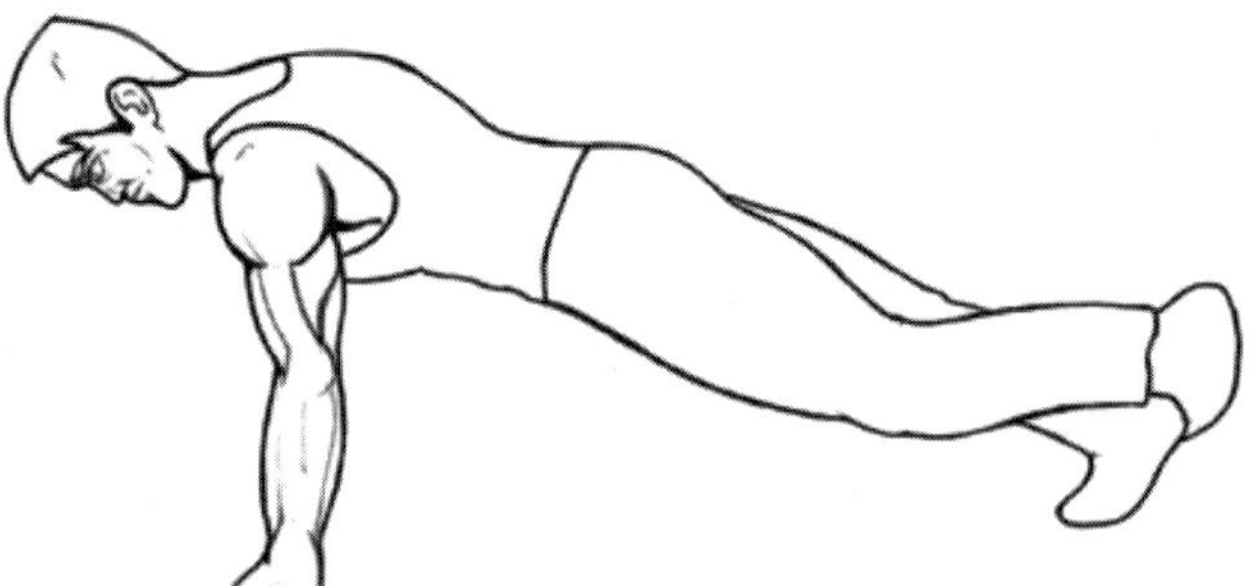

拳を床に立て腕を伸ばした、フルプランクのポジション。

習の後は心地良く膝立ちができ、拳に生まれたパワーを実感し持続させることができる。後にパンチを打つ時、相手は体の一部ではなく全身にパンチされた感覚を持つ。全身がリラックスしきっているので拳もリラックスし、相手に対して完全にコントロールしてパンチを打てるのだ。緊張したままパンチすると、そのパンチは相手の体に残る。ミカエルがデモで見せるが、彼のパンチは相手を通り抜け床や壁まで到達してしまう。

数年前ロシアのミカエルを訪ねた時、彼は壁に向かってゆっくりと行うプッシュアップを見せてくれた。彼の隣で立って見ていたのでよく覚えているが、壁が彼の拳を受けて音をたててうなっていた。まるで部屋が猛獣化したかのようだった。ミカエルは単に体を前後に動かしていたのではない、壁に接している拳の表面の感度をフルにシャープに保ち、そのポイントで全体重を支えプッシュアップをしていたのだ。壁を押す力が腕を伝い足まで落ち、また戻ってくる。スムーズにして強力、強固だった。

比較のために、通常のプッシュアップを5回から10回試みると良い。終了後、筋肉がいかに緊張しているかが分かる。次にゆっくりと10から20くらいカウントしながら下がり、同じようにカウントして上がってみる。その後で立ち上がると、強いパンチが打てるぞという感覚が芽生える。パートナーワークをしてその違いを実験してみよう。スローなプッシュアップをリラックスして行うと、パワーを長く維持できる。通常の速さでは多少のパワーは得られるが、すぐなくなってしまうのだ。

プッシュアップはまた、「構造」の章で紹介したショートワークを進展させるのに役立つ。ショートワークの一つはその言葉通り、短い距離のストライクを発するということだ。この目的に特有の面白い練習方法がいくつかある。リラックスすることで、スペースがなさそうなところにスペースを作るというものだ。

ＳＶＰ（生徒へフィードバックを送るシステマ・ビデオ・コレスポンデンス・プログラム）でリーチの長い選手に、ショートレンジのプッシュアップをするように提案した。床から5センチくらいのところで体を上げ下げする練習だ。短いスパンのパンチの練習になる。長いスパンでのパンチに慣れてしまうと、距離が狭まった時に術を見失う。彼は短いスパンでもパワーを維持できることを知るべきだと思った。実際にスペースは作れるのである。作り方を知ってさえすればいい。

図で示したポジションより低い位置で開始することも可能だ。顔を床に向け体を床と並行に真っすぐ保ち、腕は体の横に付ける。練習前に拳を体のライン前後にスライドしてやりやすい場所を見つけるとよい。準備ができたら拳を床に立て、肩、腕、体には必要最小限度の力を入れる。この姿勢から腕を伸ばしフルプランクポジションにするが、身体全体をリラックスさせておく。床から自分自身をはがすような感覚で身体全体

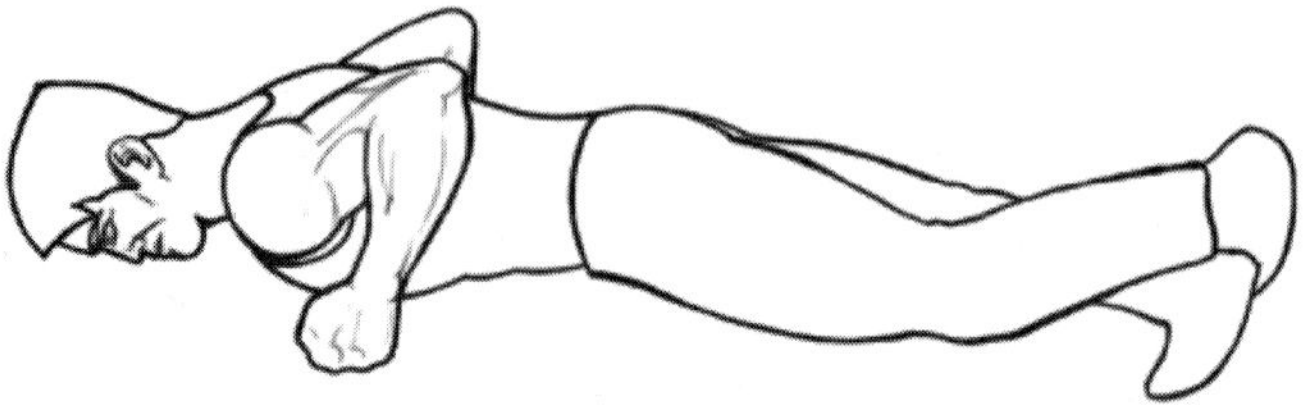

ショートレンジのプッシュアップのポジション。

を上げる。拳が床と接触している部分から動きが始まるようにトライしよう。ヴラディミアがよく次のように言う。

床だけを感じる。体は意識しない。

正しく行うと、腕、背中、コア、脚、拳を使って体を持ち上げているという感覚でなく、大地を自分から遠ざけているように感じるはずだ。まず動きを確立しよう。上がる時は拳付近の必要最小限の身体構造を意識して行う。下がる場合は必要かどうかに関わらずあらゆる筋肉を使う。

二番目のステップは、息を1回吐く間にプッシュアップを1回行う。息を吐き出しながら絶好のタイミングを計って体を下げ始める。これはシステマの呼吸がアクションを先導するという原則を自分のものにする良い練習だ。最もリラックスした時に体は呼気の流れと共に動く。正しく行う。努力を要せずとも動けるはずだ。

普通の表面で行う標準的なプッシュアップの他に、拳で移動しながらのプッシュアップも有効なストライクを打つための拳、体、心理状態のコンディション作りに有益である。これには三種類ある。拳のコンディショニングプログラムで強調すべき点は、単独練習であることだ。パートナーを要する時は、家具、大きめの肥料用バッグなどを使えば良い。もちろん人間がベストだが、何からでも学ぶことはできるのだ。

・拳歩きドリル1

「パートナーが床に横たわっている場合」

パートナーは床に仰向けになり、腕を体の側面に置く。自身はプッシュアップのポジションで拳を床に立て脚を大きく広げ、パートナーの足首から胴体、肩に

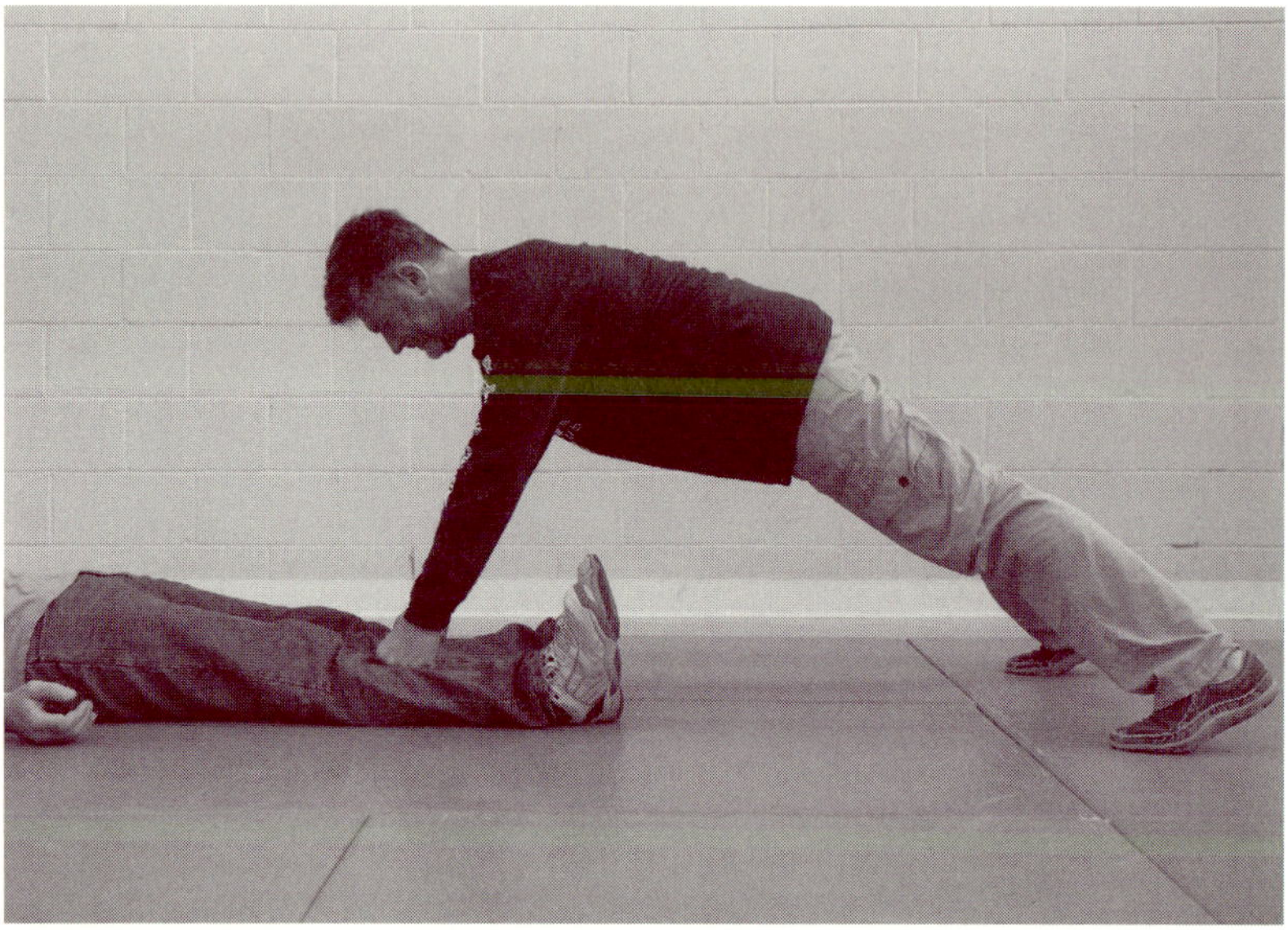

脚の下部から始める。

脚を上って行く。

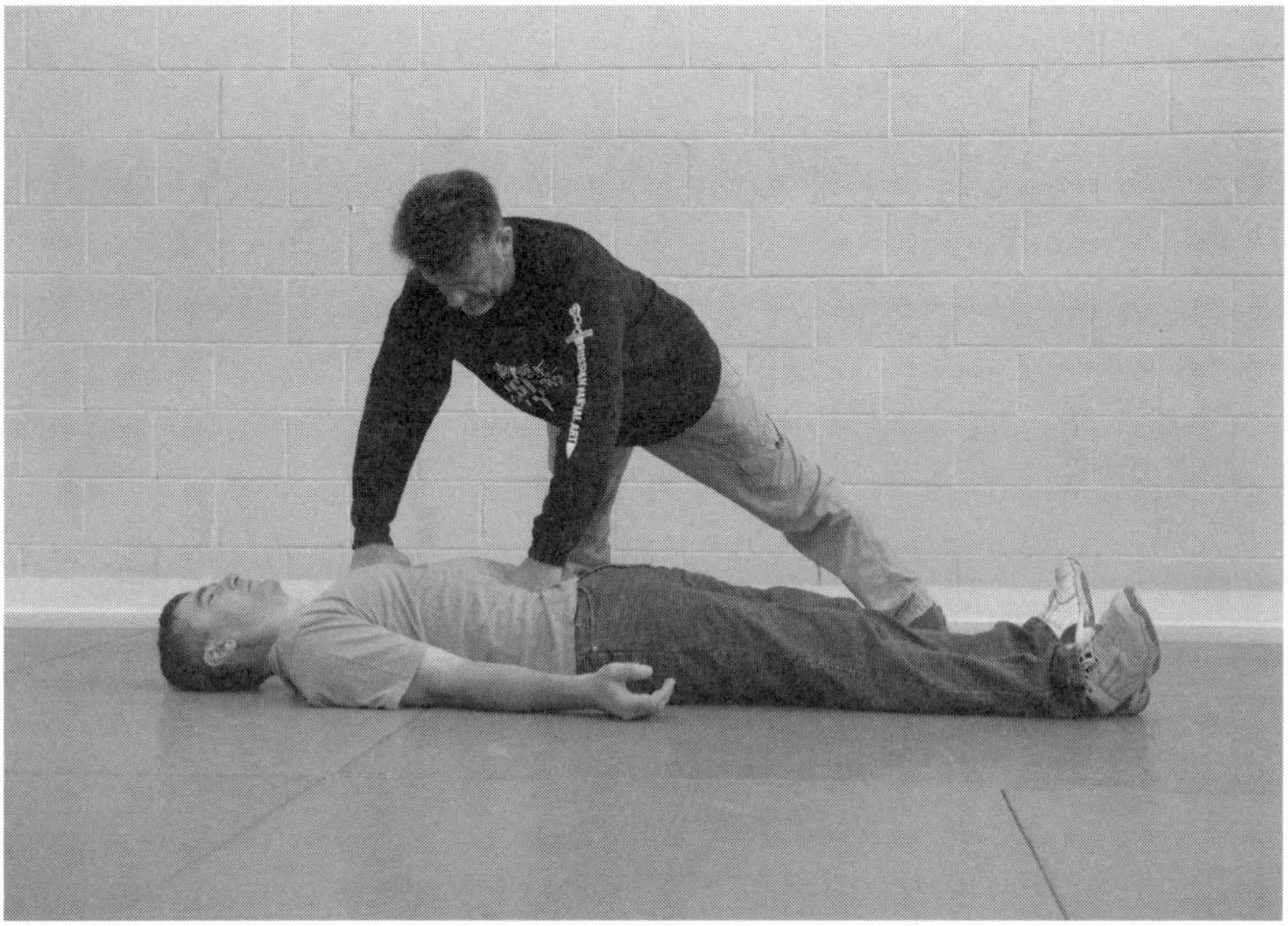

腹部、胸、腕をカバーする。

向かって拳で歩いて行き、最後に腕の方へ下りて来る。拳はパートナーの体でバランスが取れそうなところに置きながら移動する。拳表面のできるだけ広い部分がパートナーの体にピタッと着くようにする。もちろんパートナーが痛みを感じないように注意しよう。足も必要であれば動かして拳の位置を整える。体は常に真っすぐに保つ。

心地良さを感じられると、パートナーを傷つけるかもしれないという恐怖心が消える。肩を緩め、鋭い感知力を保ちながら行えば、パートナーを傷つけることはない。システマでは肩を緩めておくことが一番大事である。腕や手の感度が高まるからだ。拳で移動すると体を支える部分が小さくなるのでバランスを保つのが難しくなり、腕と体に力が入るのを妨げる。力が入るとパートナーからずり落ちてしまう。

また拳歩きでは、動きながら距離の取り方や体のポジションの調節方法を学ぶ。それが理想的なストライ

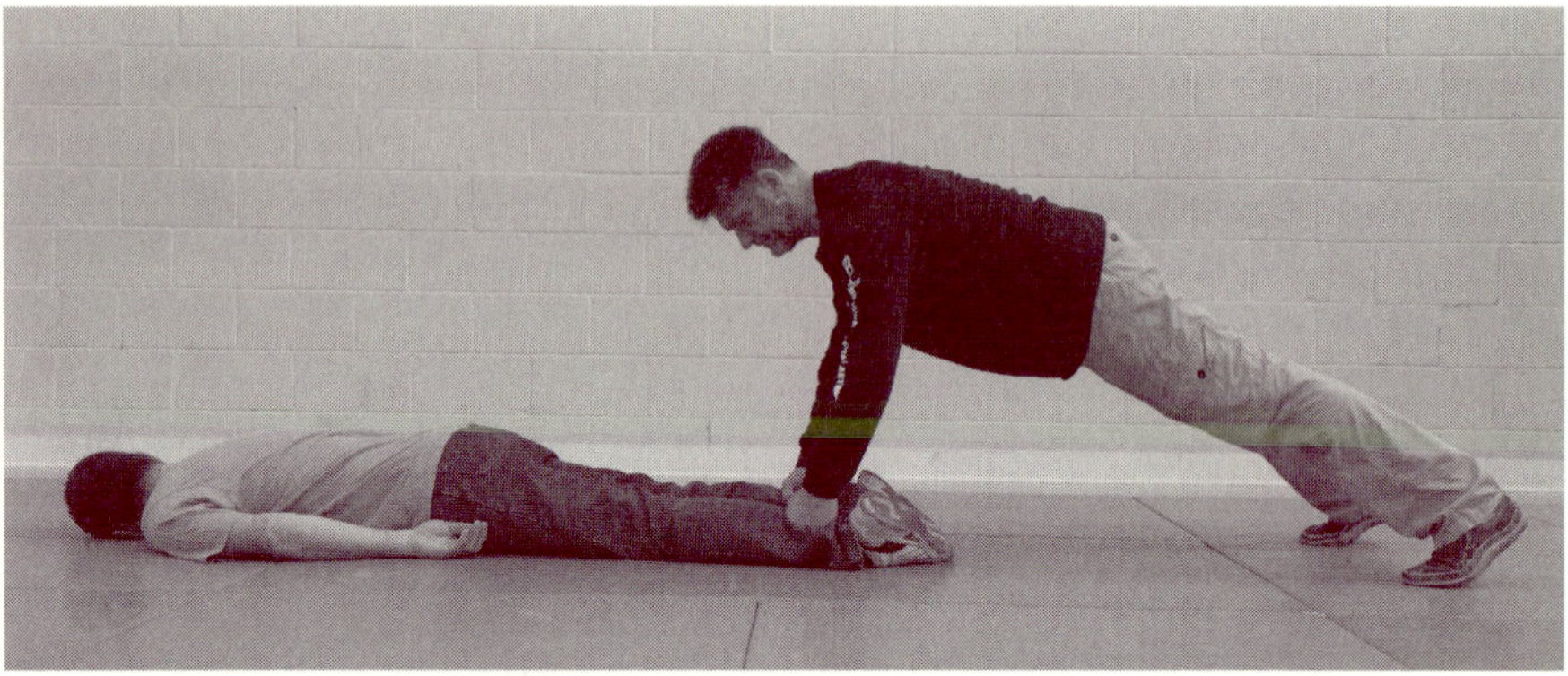

パートナーは腹這いのパートナーの足から上り始める。

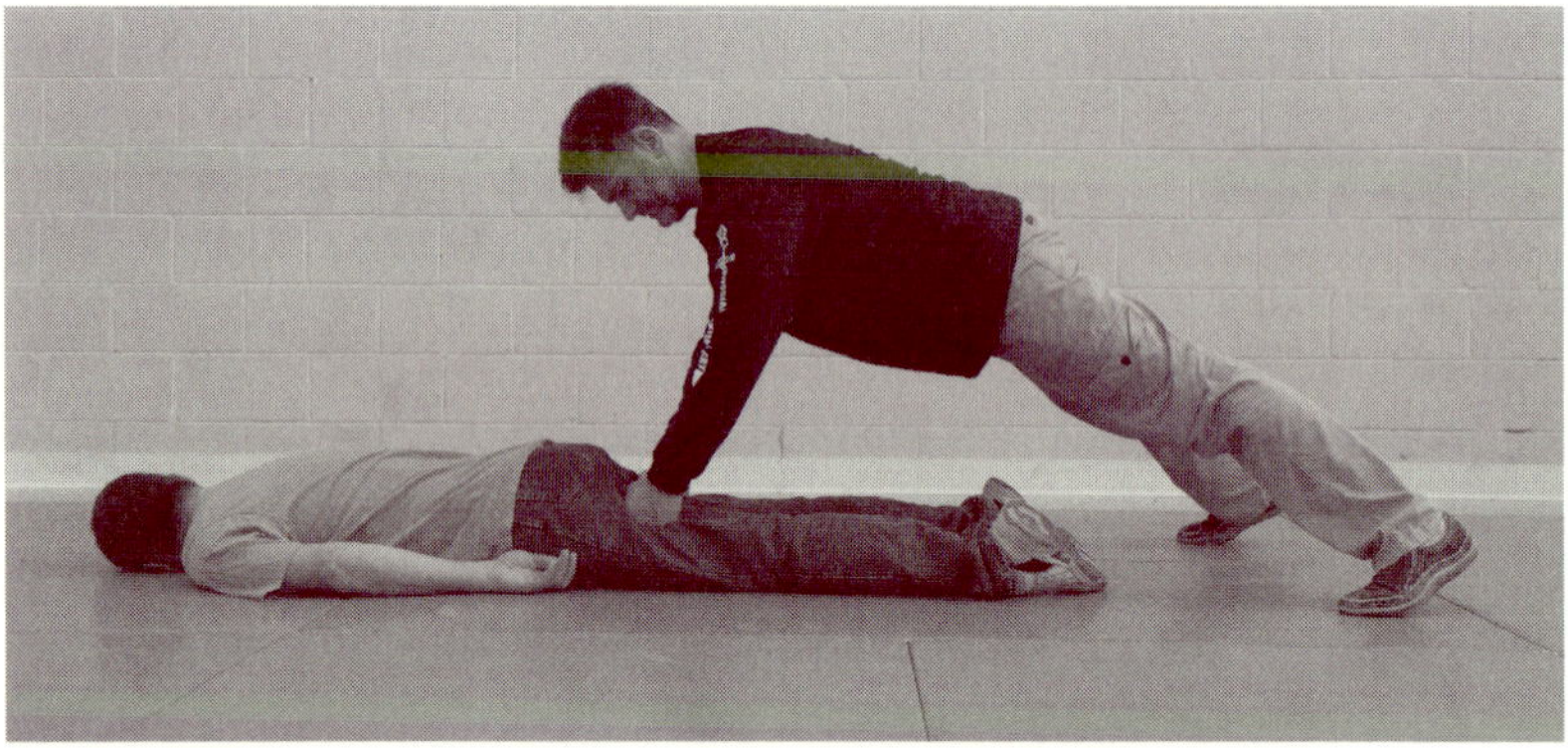

脚を上り続ける。

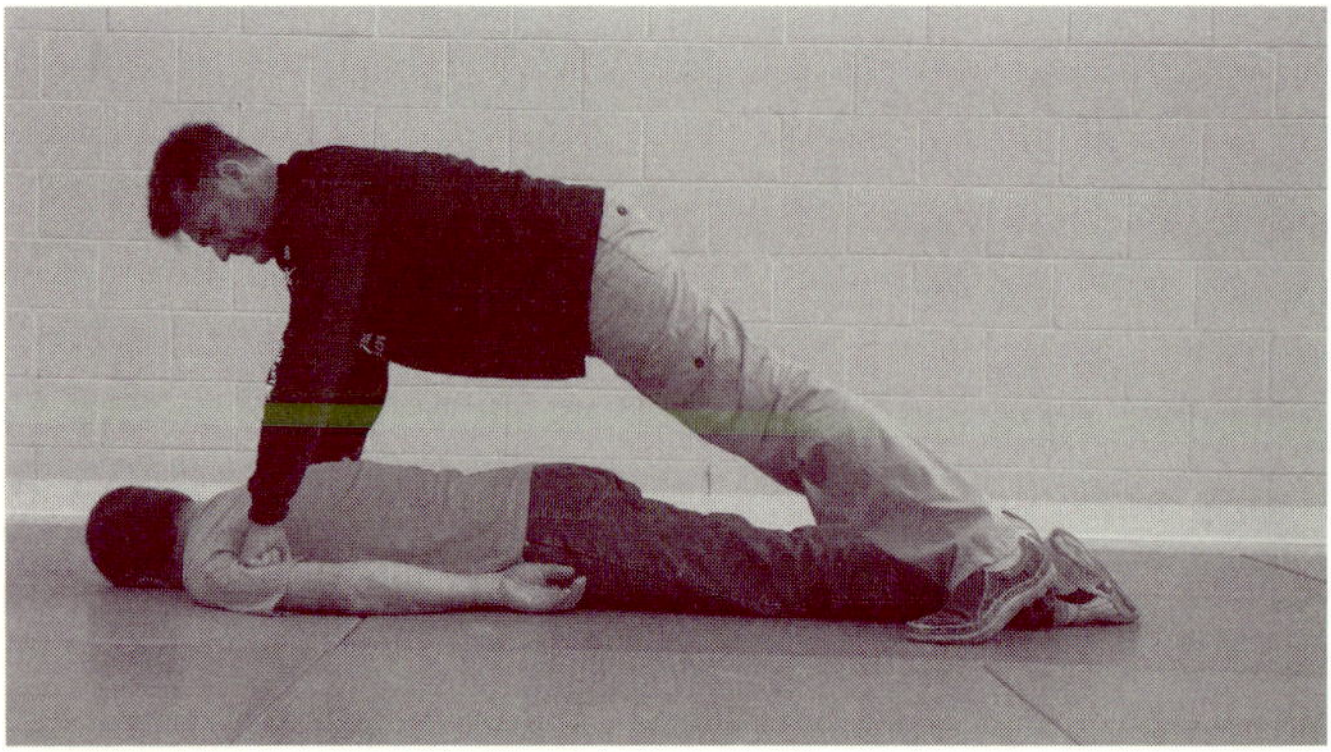

背中と腕もカバーする。

クへと繋がる。さらにパートナーの体の表面で自分を支えやすいベストな部分を選ぶことを強いられ、それが最も効果的なストライクのスポットとなる。手を置く位置や衝撃の深さも考えねばならず、正確さが養われる。一方パートナーにも利点がある。拳の圧力マッサージが受けられ、自分のどこに張りがあるのかが分かる。拳でパートナーの体を歩く時、直観的に大きな強張りに拳を置いてしまうのが面白い。ドリル中、両者は呼吸をし続けることを忘れないようにする。

このドリルは少なくとも2回は行おう。

三度目はパートナーに腹這いになってもらい、同じようにパートナーの足から胴体に向かって歩いて行く。

・拳歩きドリル2

「パートナーが壁際に立っている場合」

パートナーに腕を体の横に垂らし壁を背に立ってもらい、彼の前でプッシュアップポジションを取る。足を広げてしゃがみ、パートナーの足首から胴体、肩に向かって徐々に拳で上がって行く。脚は真っすぐに保ち、ステップ毎にパートナーとの距離を調節する。最後は腕まで下がって終了。

このドリルを少なくとも2回行う。

三度目はパートナーに壁に向かって立ってもらい、足から背中へと上がって行く。

壁際に立った場合のパートナーの筋肉の張りが違うことに気づく。パートナーは拳のプレッシャーに対して違った反応を示すので、安定感を取るのが難しくなる。拳の押す力や角度などを学ぶ絶好の機会である。ドリル中、呼吸し続けることを忘れない。

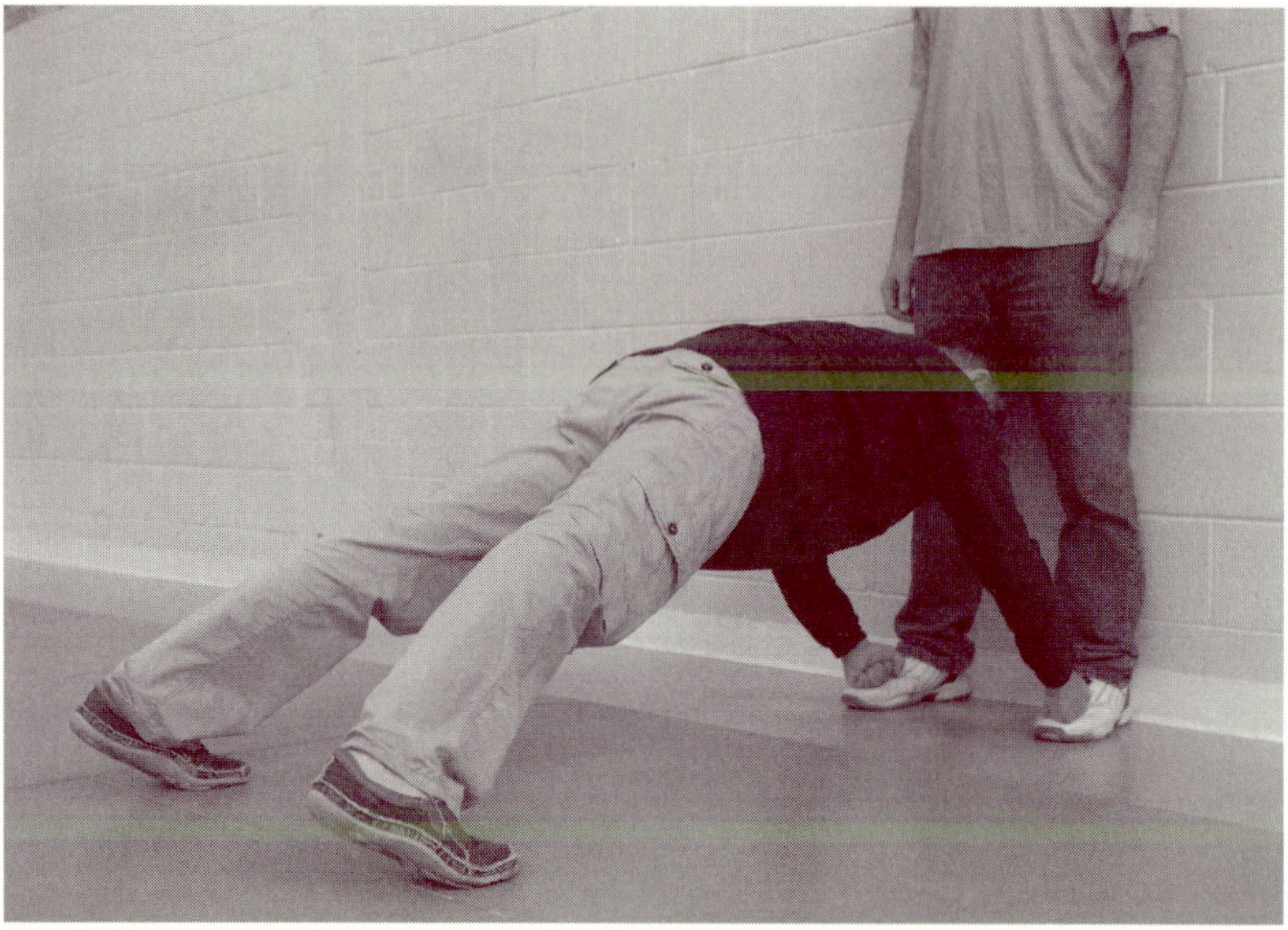
パートナーの足から上り始める。

パートナーの体を上り続ける。

壁向きのパートナーの体を同様に上って行く。

・拳歩きドリル❸
「壁を這い上がる、下がる場合」

このドリルは自分だけで行う。壁に向かってプッシュアップポジションを取り拳を立て、床から壁を這い上がって行く。最低2回は行おう。

拳を回したり壁との角度を変えたりしながら、拳の配置を変えて行う。また、両腕の幅を広げる、狭める、ピッタリ付けるなどのバリエーションを使う。呼吸し続けることを忘れない。

このドリルでは硬い表面の感触を知る。不快感を最小限に抑えることを体に学ばせる。緊張していると痛みが増す。肩をリラックスさせることを学び、最終的には自分の打ったストライクが自分に戻ってこないようになる。

床から上り始める。

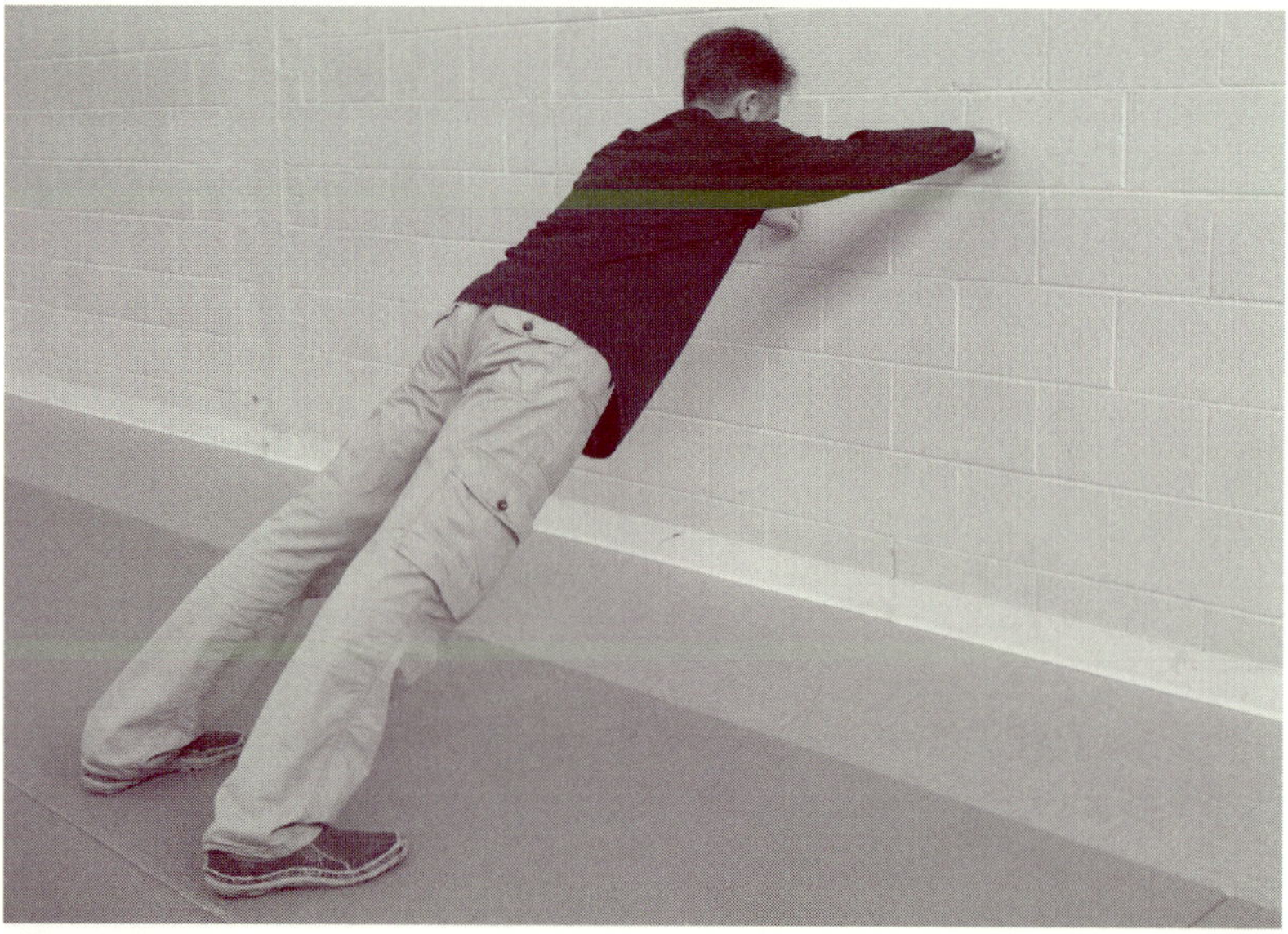
壁を上り続ける。

比較的難易度の高いドリルだが、腱が強くなり、体の緊張を動きながらコントロールすることを学べる。

◎**拳のトレーニング❺「掌パンチ」**

最後に、自分のリラックスした掌へパンチを打つ練習だ。シンプルに見えるが実はそうではない。「調和するパンチ」と呼ぶこともできよう。パンチを打つ拳はターゲットである掌にすっぽり入るような形にする。掌が自然に作る角度、その表面や弾力性など、全ての掌の要素と完全に調和できるようにパンチを発する。

ロールアップドリルで拳を強くした後で、掌にパンチを打つ。掌の中央、深い部分にパンチが沈み込むように打つ。拳に力みがあると、ターゲットの掌からそれてしまう。拳銃を撃つ時、小指に力が入り過ぎると弾は常に下に向かう。人差し指に力が入ると、弾は上に向かう。

手首に力みがあると、銃は内側へ入る。銃を持つ

角度、強度、リラックス度、感度を的確に計算し、掌に向けてパンチする。

手の全てのパーツが均一に閉じていれば、完璧にターゲットに当てることができる。例えば水の入ったコップを持ち上げる時、手のどの部分にも同じプレッシャーが掛かっているので、コップは真っすぐに持ち上げられる。パンチも同じだ。肘の辺りが力んでいると、筋肉が凝縮されストライクが歪んでしまう。拳に特有の重さがあると、ターゲットである掌に正確に当たる。

　ターゲットとなる掌はリラックスさせておく。緊張していると掌が板状態になり、ストライクが中央から上下左右に外れる原因となる。緊張があると痛みを感じ、誤ったことをしていると気づく。両腕の緊張を同一にほどほどに保ち、拳を色々な軌道（上下左右）に乗せて放ち、それをキャッチしよう。

　余分な緊張が取れると、体が微笑みだすような感覚が生まれる。正しい方法が体にスマイルを起こすのだ。ただやり過ぎないことだ。リラックスしすぎると手首と拳も緩み、手首を真っすぐに保てずに折れてしまう。

　重たい音が出ると良い。正しくパンチするとターゲットの掌を痛めない。パンチが掌に密着するように下りるからだ。ターゲットの掌が拳を包み込む形になり、両方がピッタリと合わさる。

私も挑戦してみたのだが……

駄目だ。君は打った後ストップしている。私もストップしているように見えるかもしれないが、瞬間的にリラックスしているだけだ。君の場合は打つ、ストップ。私は打つ、そしてリラックスだ。

再度挑戦してみたが……

分かるか？　君は動きを止めてしまった。まるで、床に倒れてしまったのだが体は硬直している状態だ。それでは真のリラ

クゼーションではない。倒れたら緊張を全て解き放つ。力を入れるのはコンタクトの瞬間だけだ。その前でも後でもない。

もう一度挑戦してみたが……

駄目だ。君は私を意識している。見せたいと意識すると逸れてしまう。邪念無しにただ打つ。強力なパンチになる。でもそれだけのことだ。

他の目的が何もないから。これが障害物が皆無ということだ。

完全にリラックスしてパンチを放つ。そしてコンタクトの瞬間、力を入れる。そしてまたリラックス状態に戻る。実際に動きが止まることはない。リラックスしていると、動きが楽にかつ力強く重たくなる。力んでいると、草むらを重い足取りで進んでいるようだ。

ミカエルは、ストライクや単独ドリルでは拳を他の身体部位と切り離して練習するのが重要だと強調する。腰や他の部位を動かす必要はない。動きの中で拳を分離できると、他の動きやアクションの最中でも自分自身を適切にコントロールできるようになる。

単独の拳エクササイズをそれぞれ充分に練習したら、次の単独ドリルに移ろう。セルフチェックができる。このドリルの理想的な成果を、ヴラディミアは次のように述べている。

手が重く強靭になると、枕のように厚くなる。重みが増すだけではない。中にウェイトが入った枕のようになる。壊れないようにクッションで覆われているかのようだ。「石の手」を持っていても、石はいずれ粉々になる。だがこの種のクッションで覆われた強靭さは、自分を保護してくれるのだ。私は自分の拳に守られている。

そしてそのパンチは重いのだ。

■三つのセルフチェック

◎セルフチェック❶「仰向けで拳を上げる」

私は、仰向けになり腕を床と垂直に上げ、手を拳にするというエクササイズが好きだ。不思議なことに血液が下へ流れるにも関わらず拳が重たくなる。この練習に決まった時間はない。拳が重たく感じられるまでトライする。その感覚が掴めたら、拳に重さが加わったことになる。

◎セルフチェック❷「プッシュアップで膝立ちになる」

次はストライクを打つための準備運動だ。これはヴラディミアがストライク以上に重要だと指摘する「心を落ち着ける」という概念と根本的に同じである。

背後から羽交い締めにされたら、まず体を充電させる。その後1回のスムーズなアクションで背後の相手に肘鉄を加える。手荒く体を掴まれたら、抗わずに相手から受ける圧力を取り除く。誰かに掴まれても決して動じないことだ。

「体を充電させる」とは、即座に体全体を統一させることである。先に述べたように、自身の体の中に障害物を作らない。自分の体を一つにまとめ上げるということは、体のどの部位がフリーで、どこに繋がりがあり制限があるかを即座に認識することだ。体の各部位がすべき仕事をすべき時に正確に果たせるように、意識を蜘蛛の巣のように張り巡らせるのである。

拳立ての姿勢から膝立ちをする練習。プッシュアップポジションを取り、体を床まで下げる。この体勢でさえも心地良く感じられるようにする。リラックスし、床につけ

た拳は柔らかく。体を一つのユニットとして真っすぐに保ち、少しずつ体を上げていく。体が一つにまとまったと感じた瞬間、膝から頭までを真っすぐにする。体を一つにして、少しずつ真っすぐに上げていくのだ。シャープに息を吐き、床から自分を遠のける。体全体を使って上げるのだ。体を一つにまとめて徐々に上げていくのはとても難しい。シャープなパワーを掴むことができたら、パンチは速く深くなる。

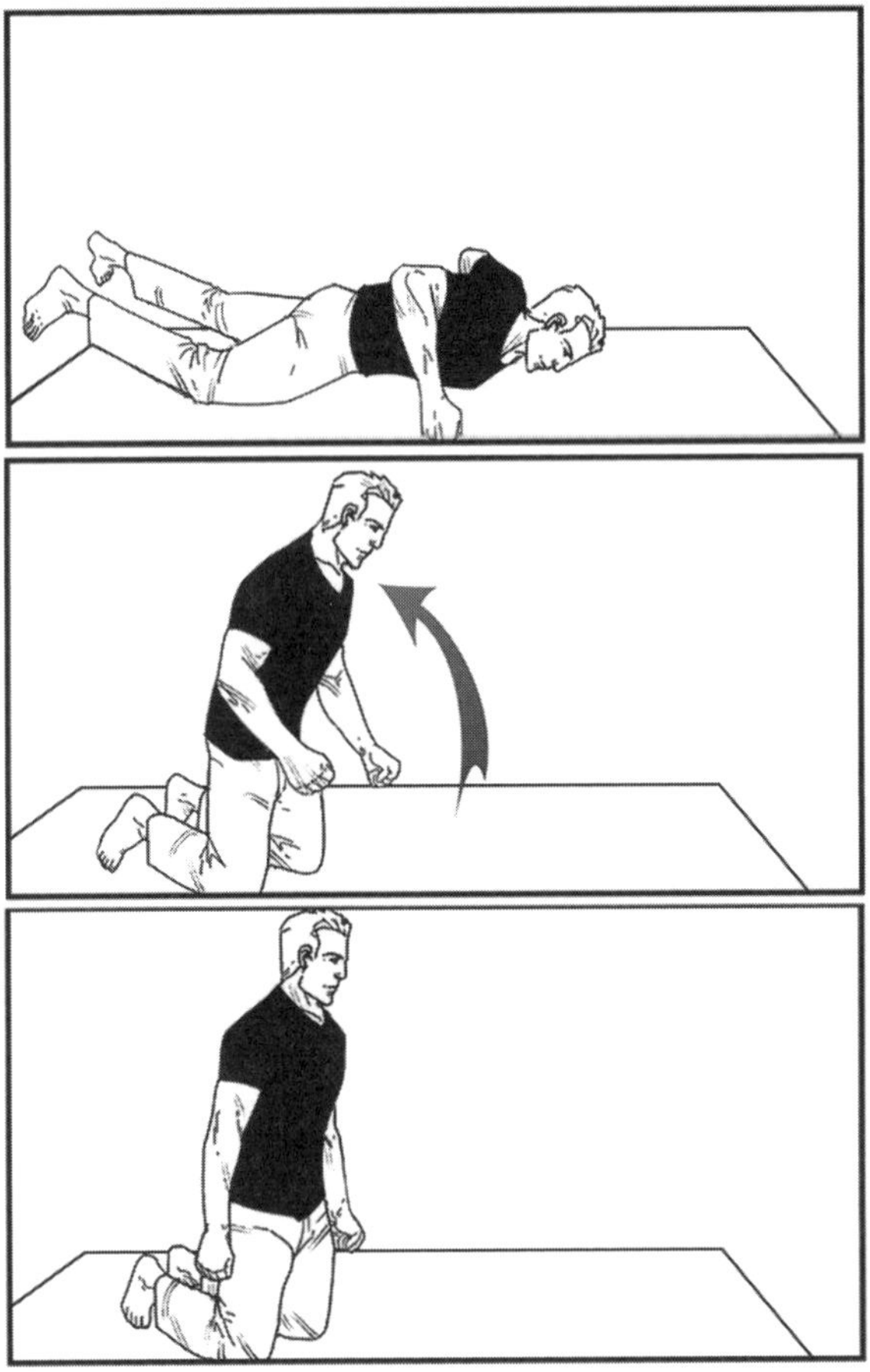

腕をリラックスさせたままパワフルな拳で体を起こし、膝立ちになる。

他のドリル同様に、このドリルも賢く自分の体と相談しながら行うのが良い。がむしゃらにならない。自分の年齢、身体、心理状態やトレーニングの目的に応じてバリエーションや強度を変えながら、自分に合ったドリルを選ぼう。

◎セルフチェック❸「壁へのパンチ」

ボクシングのグラブは自分の弱点を教えてくれないので、「偽の友人」であることは前述の通りだ。硬い床は倒れ方、転がり方を学ばせてくれる「真の友人」である。ここでの「真の友人」は壁だ。

壁をパンチするという簡単なエクササイズだ。壁にパンチを打ち「あ！　痛い」となれば、ファイトでは手を負傷してしまう。自分の手を傷つけないように壁を打つ方法を見つけよう。心理的な要素もある。エネルギーが自分に跳ね返るか自分の体に残るパンチを打つと、心理的にブロックを作ってしまい、ファイトでそれ以上進めなくなる。恐怖心が芽生えてしまうのだ。ファイトの経験がないのに怖がる人がいる。おそらく緊張を失くすトレーニングをしていないからだろう。

ストライクが壁の表面だけに当たると痛い。しかし壁により深く入り込むと、それほどでもない。なぜならその衝撃が中に入り込むからだ。それが正しいパンチの一つの判断基準だ。もう一つはパンチの音である。壁の表面を突くパンチの音は浅いが、奥まで入り込むパンチの音は低い。パンチが壁の中に浸透していく音が聞こえ、壁全体に反響する。壁にもよるが、床に反響する場合もある。自分のストライクの深さを学ぶ一つの方法だ。

壁打ちの練習とストライクの理解を深めるには、壁へのパンチとパートナーへのパンチを交互に行うと良い。最初に壁を数回パンチしたら、できれば同じようにパートナーへパンチを発してみる。「できれば」と言った。これには深い理由がある。

壁との練習でも人間相手（対戦相手候補）の練習でも、ターゲットとの距離や衝撃の深さを正しく計算しなければならない。パンチを発する腕の正しい位置も学ばねばならない。壁を使う場合と人間相手の場合とで、パンチの比較はとても勉強になる。

練習を二つのパーツに分ける。レンガ壁などの硬い表面を使うと良い。人差し指と中指の第三関節のみを使うと腕が強張る。パンチの衝撃が腕の神経に直接伝わる。最初はソフトにアプローチし、リラックス度や腕、拳の統一感をチェックしよう。硬い表面を闇雲に傷つけるように打つのではなく、パンチが深く沈み込むように打つのが良い。リラックスした腕のみが沈み込むパンチを可能にする。

腕をカーブ、リーチしないと硬い表面にパンチできないとしたら、誤った構えである。そのような練習では痛みを伴い、上辺だけの練習に終わる。距離の置き方を間違うと、正しい効果が得られない。パンチが心地良く反響音も調和して聞こえるまで、立ち位置とパンチの深さを変えながら練習しよう。

拳のどの部分を使えば良いのか。武術家なら誰でも興味のある問題である。人によって答えも違う。ヴラディミアの教えが私には一番興味深い。彼は拳の拡大という表現をする。硬いフラットな壁の表面と凹凸のある練習相手の体の表面の両方に完璧にヒットするように拳が広がらなければ、それは「不良の」拳だ、と。

不良の拳は関節が突き出ている。骨ばっていて緊張の線が露で、動きもぎこちなさそうだ。一方、ヴラディミアの拳はその真逆である。広がりと良質感がある。ミカエルや他のシステマの熟練者の拳もそうである。ヴラディミアの広がった良質の拳は、ソフトに緩んでいてかつ強力である。彼は生徒の拳を見ては次のように言う。

ここに筋があるだろう。緊張している証拠だ。つまり恐怖心がある。正しくパンチする練習をすると、筋やでっぱり、デコボコはなくなる。パッドが拳を覆っている感じになる。最初は私の拳もデコボコしていた。でも今はデコボコがなくなり、スムーズになった。

硬い表面に大きな衝撃を与えることができるのは、ヴラディミアの拳がスムーズで重量感があるからである。関節の全てがフラットで力強い。

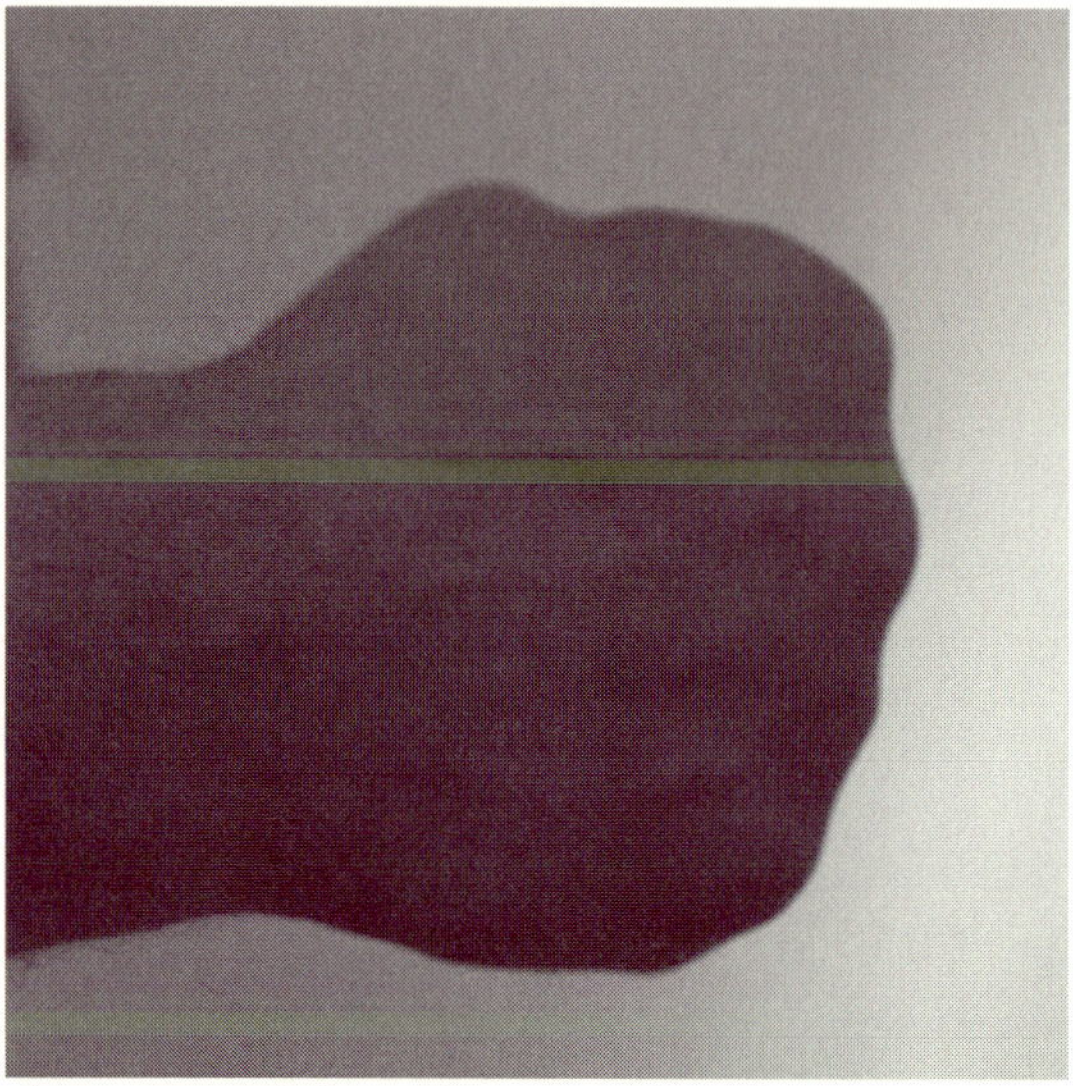
ヴラディミアは本章でも説明している練習を何年も重ねた結果、スムーズで重量感のある拳を作った。

ヴラディミアの拳が平均的なファイターに比べ、ふっくらとして滑らかなのは一目瞭然だ。しかしそれ以上に、彼の轟くような強力な拳はソフトで可動性がある。拳の骨はどんな表面へのパンチにも簡単に適応できる。関節の可動性は壁との衝撃に対して拳を平らにし、痛みを小さく留める。

硬い表面で何度か練習したら、次は練習相手に同じようにストライクを打ってみる。自分のストライクがいかに無責任なものであったかがすぐ分かる。壁を打つ場合には慎重になる。そうでなければ拳に傷を負い皮膚がはがれてしまうだろう。人間が相手の場合にも同じ慎重さをもってストライクを打とう。ここでの鍵は、相手に深いパンチを打つことだ。壁で練習する時は、ストライクの衝撃が広がるのが確認できるまで何度も打ってみる。先にも説明したように音で判断できるだろう。人間相手の場合も正しくストライクを打つと、その衝撃は相手の弱点へと流れていき、効果が何倍にも膨れ上がる。そうなると自分と相手との境界線を感じなくなる。相手と一緒に動いている感覚を持つのだ。

現実の対立場面では自分に不都合な相手の行動を除去するために打つのだが、この練習では相手を理解するために打つのだ。腹部を打ってみる。または脚など相手の緊張部分にストライクを打つと、そこから内臓や頭などへ衝撃が上って行くだろう。これらの効果を十分に理解するためにストライクを打つ。自分のパンチを武器として使うのではなくツールとして使い、どんな効果が出るのかを見極め、その感覚を掴むのだ。

次は、練習相手を打った後で、壁に向かって同じように打つ。自分に正直に行うと、先ほどと同じように練習相手を無責任に打っている自分に気づくだろう。受け身の人間を相手に打つと、エゴや自分の中の攻撃性が表面化し、相手との距離感、リラックス度、拳の表面の状態などストライクを完璧にする条件を無視したストライクになってしまう。人間相手の場合はヴラディミアがいう「弱さ」を持ったままその場を切り抜けられるが、壁を相手に打つ場合は自分へのダメージや跳ね返りを避けようとして、本能的に正しい方法でストライクを打とうと準備する。練習相手が人間だとその準備を飛ばして、ワイルドに打ち始める傾向があるのだ。

本章の拳セクション全体のテーマは、ストライクの最重要の属性「重たい手」を養成することである。だが最後に、次のヴラディミアのパラドックス的な考えも紹介したい。矛盾していると思わないか。彼の教えにはいつも驚かされるのだ。

手を見ると少し膨らんで持ち上がってくるはずだ。それは自然の重たさがそうさせるのだ。

■実践的な選択肢としての平手打ち

システマの特徴的な動きに、素早い平手ストライクがある。これはある意味「ロシアのスタイル」とも言える。緩めた腕から放つ平手打ちだ。恐ろしいほどパワフルである。相手の頭や顔に放つのが普通だが、ヴラディミアは型破りなポジションからの平手打ち、さらにナイフを使ったディフェンスや複数の相手からの攻撃に対しての平手打ちをデモすることがある。平手ストライクは、ストリートファイトでストライカーが自分の拳を守るためにしばしば使われる。

平手ストライクにも五つのエクササイズがあると想像するかもしれないが、前章の拳の単独コンディショニングプログラムですでに全てカバーされている。手や指を賢く強くさせ、オープンのストライクを効果的にする練習方法だ。

ここでヴラディミアの兄、ヴァレンティン・ヴァシリエフを紹介しよう。彼に初めて会ったのは、私がシステマを始めた頃、ロシアに訓練に行った時だった。モスクワ近くのボロジノ戦闘地域をバスで訪れた。ナポレオン一世率いるラ・グランド・アルメ軍に対して、総司令官クトゥーゾフ率いるロシア軍がモスクワ防御のために戦った場所である。あまり定かではないが、滞在していたモスクワから戦闘地域へはバスで2時間ほどかかったと記憶している。

バスの隣に乗り合わせたのがヴァレンティンだった。彼はツアーグループのビデオグラファーだった。とても気さくで感じが良く、英語はそれほどでもなかったがドイツ語が流暢だった。私はロシア語もドイツ語も片言程度だったが彼と上手く打ち解けた。私にロシア訪問の感想を聞いてきたので、ツアー自体はとても気に入っているがシステマのスキルはまだまだだと返した。それが間違いだった。

バスに乗り15分くらい揺られてから目的地のボロジ

ノに到着するまでの間、ヴァレンティンは私の武術への理解を深めてくれた。後で分かったことだが、ヴァレンティンはヴラディミアと同様、武術のマスターだったのだ。優しく丁寧な語り口調と完璧なまでの冷静さを保ちながら、一瞬にして圧倒的なパワーを繰り出すという不思議な組み合わせまでヴラディミアとそっくりだった。

ヴァレンティンは絵画を描く卓越したアーティストでもあるのだが、ストライクのトレーニングを高く評価している。彼のストライクは安全な距離から見ても強烈である。今から思えば、彼と車中一緒に過ごした時間が、その後経験する伝統的システマの訓練への儀式だったのだと思う。訓練の究極の目的は、痛烈かつ爽快な痛みとそれに耐え忍ぶことである。車中、彼からみぞおちに馬蹴りを幾度となく受け、陸に上げられた魚のように何度も息切れがした。目的地に到着してバスを降りて歩けるかどうか不安だったが、到着すると不思議なことにかつて経験したことがないほど清々しい気持ちになった。

その時点ですでにシステマ歴は1、2年あったが、ヴラディミアはこれまで私に手加減をしていたのではないか、私の痩せた体を考慮してストライクの訓練を和らげていたのではないかという思いがふとよぎった。ヴァレンティンもおそらく私の体つきを見て同様に感じたとは思うが、彼の性格上、余計なことは考慮せずこれまでの私への訓練を正したのだと思う。バス車内での訓練に耐え抜いた後で、やっとシステマの部内者、もっと大胆に言えばロシア軍の祖父の気持ちが分かったような気がした。もちろん全くの幻想かもしれないが、私にとっては強烈な経験だったのだ。

バスで2時間も揺られながら隣のヴァレンティンからパンチ攻撃を受けた経験を紹介したのは、単にストライクの筋金入りの訓練の例としてだけではない。ヴァレンティンに対して少しでも勝ち目があると信じ襲いかかるとしたら、それはあまりにも浅はかな考えだと言いたいのである。しかし世の中にはそういう馬鹿げたことを考える人がいる。

ヴァレンティンがドイツの電気ショップの保安コンサルタントとして警備をしていた時だった。一人の男が、刃物をもってヴァレンティンを脅しているのが監視カメラに映された。

二者の対決は2秒以下で解決を見た。これら一連の写真で、システマのストライクの構造と基本概念が見て取れる。基本的要素はスピードだ。それは相手との適切な距離とリラックスしたレスポンスから生まれるのである。もう一つのレッスンは「構造」の章で取り上げた目に見えないストライクだ。ヴァレンティンは両手を前で組み、穏やかに全く普通の態度で接しているのが分かる。だがそれは容疑者が危険を察知してディフェンスを取ろうと試みるがすでに遅しという瞬間までだ。要素はまだある。容疑者に対する安全性の考慮だ。一見容疑者にとって安全には見えない。しかしヴァレンティンは恐怖に向かいながらも、容疑者の安全性も考慮した。容疑者はパンチで殺されても致し方ない状況だったが、平手打ちで救われたのだ。容疑者は自分の幸運を感じるべきである。

システマの平手ストライクは、ヴァレンティンのレベルに達していない武術家が使うと危険である。訓練は最新の注意を払って行うべきだ。腕を完全にリラックスさせ、手は重くかつリラックスさせる。前述の拳の訓練プログラムは平手打ちにも応用が効く。複数のパートナーにストライク用パッドを一つ二つ用意させて練習する。1回のアクションでどれくらい速く平手でパッドを打てるか試してみよう。

ロシアでのトレーニングの残りの行程でも、ヴァレンティンに色々と助けてもらった。その度に彼の訓練に対する広く深い知識に驚かされた。彼は思いもよらないテクニックを使って、困難な状況から脱出する方法を無数に持っている。彼のテクニックについては後の章で詳しく取り上げるが、ここで一つだけ紹介しよう。

容疑者が刃物に手をかける。
時刻印 :20:05:06

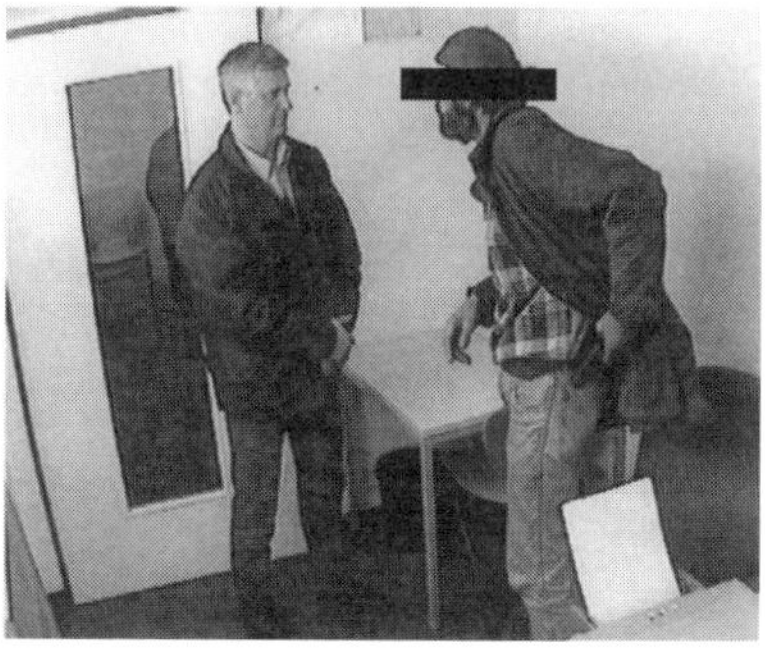

容疑者が刃物を出す。
時刻印：20:05:07

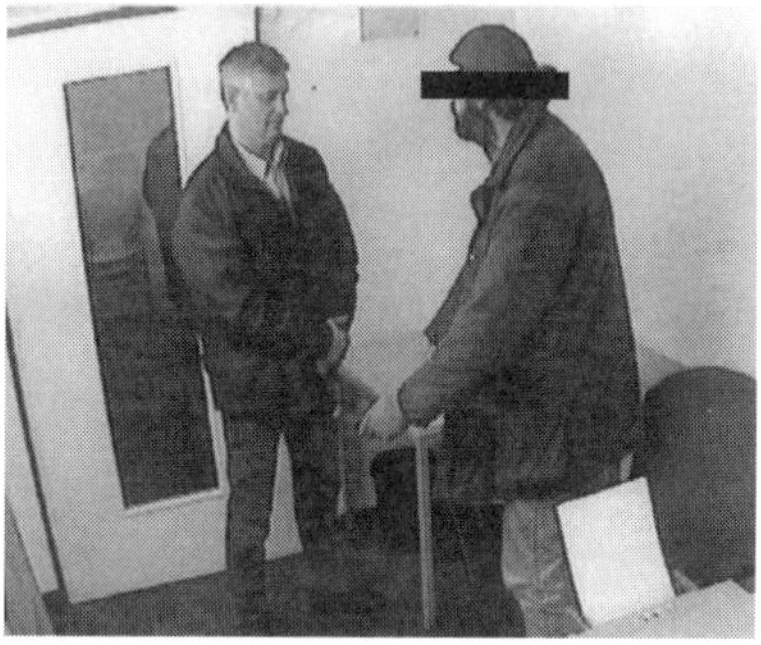

容疑者の襲撃がヴァレンティンのシステマの平手打ちで無効にされる。
時刻印 20:05:08

衝撃は時刻印の間で起こった。

ロシアでのトレーニングの一環として、スペツナズのベースで任務中の軍隊とドリルをした時のことだ。泥沼、わだち、牧草地帯をカラシニコフ自動小銃（AK）を持ちながらフルスピードで突進するというエクササイズがあった。その時初めてAK自動小銃を手にしたのだが、それは米陸軍のM16（私にはとっては一般市民用のAR―15）よりも重かった。ヴラディミアが後で説明してくれたが、AKが重い理由として、その仕掛けを理解していれば近距離手榴弾爆発も切り抜けられるという利点がある。これについては説明するつもりはない。家で実験されたら大変だ！

ともあれ、ベースでのノンストップの準軍事的忍耐訓練を数日こなした後でも、しばらくの間、私の体から銃の重さが抜けなかった。そして次のドリルに行く時は既に疲れ切っていた。何十回も指令を受けては何百メートルかとも思われる距離を突進し、うつ伏せで射撃位置につく。あちこちに散在している牛の糞に落ちることもある。私は犬のように喘ぎ、肉体的にはもう限界だった。何度も地面に叩き付けられ、もう立ち上がれないと思った。次の突進に向けて再びライフルを構えるなどとは全く考えられなかった。

今にして思えば、ヴァレンティンは複雑なカメラキットを抱えながらも私達と一緒にトレーニングフィールドや障害物で満ちたコースを走っていた。カメラは私の銃よりもかなり重く見えたが、彼は息切れする様子が全くなかった。私の横で軽々と走りながら私を撮影していたのだが、10回以上も地面に倒れる私を見て限界に来ているのが分かったようだった。私に回復方法を見せてくれた。それは、息切れが酷く疲労困憊でこれ以上何もできない場合の対処方法である。

彼は人差し指で鼻の穴を引っ張り上げて音を立てながら息を吸い込み、口から吐いてみせた。システマの呼吸法の原則は全て『Let Every Breath』で紹介しているが、ここでヴァレンティンが見せた技は息を吸う度に指で鼻の頭を持ち上げることだった。私は彼の真似をして何呼吸か試みた。そして無事、ドリルの全行程を終了できたのである。その後も厳しい状況下ではこのトリックを試みることがある。

米国西ハリウッドにあるWild Cardと同レベルの厳しいボクシングジムで若いタフなボクサーとスパーリングするのは、極度に疲れるトレーニングだ。しかし私はそんな時、ラウンドとラウンドの間、コーナーでこの呼吸法を試みた。すると呼吸が整い体力も回復し、30秒後にはフレッシュなファイターの体に戻れたのである。

■肘を派生的に使う

肘を使って相手を打つ術を知っておくことは得策である。しかしシステマの肘打ちへのアプローチはMMAトレーニングとは異なる点がいくつかあることを覚えておこう。

テクニックの一つとして肘で打つことを教える人がたくさんいるが、私はそれを好まない。多くの人が肘で打つことができても、そのやり方を知らない。

まず肘とはどの部分をさすのか。どの部分をツールとして使うのかを問う必要がある。肘と前腕の周りの筋肉を使って打つ。肘の骨を直接使うべきではない。プロのファイターで肘の骨を常に整えている場合は例外かもしれないが、関節を痛めつけるのは良くないことだ。骨を使ったストライクは腕に怪我をもたらす。

ファイトで肘の骨を使って打ったことがあったが、その後しばらくは指がきちんと動かなかった。骨や関節は損傷を負いやすい。肘でストライクを打った後は、肘の外側の尺骨突起部や他の部位を傷つけかねない。

肘は言わばミサイルのようなものだ。まず、普通に打つことを練習する。単に前方へ肘打ちするのであれば、腕を緩め下方向に伸ばして打つ練習をする。前傾姿勢にならず真っすぐに立ち、胸からパワーを出す。腕はリラックスさせておく。練習相手が背後、横にいる場合には、後方へストライクを出す。その時も肘をリラックスさせ腕を伸ばす。肘を右左に素速く1、2と、相手のみぞおちに打ち込む。腕に力みがなければ、同じ肘で短時間に複数のストライクを打つことが可能だ。決定づけるのは、障害物が皆無であることと過度な力みが無いことだ。そうすると、肘先で相手の胸や肩目がけて下方向に打てる。肘のストライクは顎や頭、体のほとんどの部分に使える。

　肘打ちは同じ腕の拳のストライクの直前に放つと効果が高い。肘打ちは次のストライクに使う拳を、理想的な場所に持ってくる。重要なのは目的と状況に合わせて、スムーズに自然に流れるように行うことだ。肘を使って本格的に打つ場合は、肘だけではなくウェスト、胸、肩全てが完全にリラックスしていることが鍵となる。これがシステマの驚くべきかつ理に適った「全身パワー」である。体全体が緊張の連鎖にならず、リラックスしたパーツが繋がっている状態だ。

肘は連続する自然な動きの延長線上で使うべきだと私は思う。肘を自然に使うのは、泳ぎを覚えるのと同じである。例えば、目の前の練習相手に肩を触られたら、まず肘を低くし横に自然に回転して躱す。掴まれた場合も同様だ。肘のストライクは自然な動きの結果として使う。ストライクを打つ途中で使ったり、攻撃回避の一部として使ったりするのだ。肘のストライクを意図的にテクニックとして使うことは勧めない。動きをストップさせてしまうのだ。そのようなアクションは問題だ。水中では泳ぎ続けないと沈んでしまう。同様に逃げる時、自然に肘は曲がって垂れている。そのままの状態で相手を打ち続けることも、別の攻撃相手に向かうこともできる。意図的にパワフルなテクニックとして肘のストライクを放つとしたら、効果的かもしれないが、自分を傷つける場合もある。

動きは自然で流れるようでなくてはならない。

彼が言わんとしているのは肘打ちが独立したテクニックとして教えられているのが問題だということだ。一連のテクニックの一部として使うとしても、システマの達人らの一つのアクションから派生した肘ストライクとは見た目も感じ方も違う。ヴラディミアの肘ストライクは強力で受けると激痛が走るが、その動きは水中で腕を上下に動かしたり回したり、泳いでいるかのように見える。よく見かける伝統的な強張った肘打ちでは全くない。彼は構えて肘ストライクを打つことはしないし、彼自身のストライクで動きが止まってしまうこともない。システマの基本概念の「途切れない―動き続ける」を常に意識しよう。

動き続けることで、ヴラディミアはストライクのエネルギーが自分に跳ね返るのを防いでいる。この問題はパンチの説明で取り上げた。跳ね返り現象は通常の肘ストライクにも当てはまる。その場合、跳ね返りのエネルギーはより強力で、頭にも届きやすい。止まるとパワーは自分の方へ戻ってくる。

パッドを使って同じ動きで何度も肘打ちをすると、体がぎこちなくなり角ばってくる。ストライクを打つ時、全体が肘の角ばった曲がった形を模倣するのだ。

ナイフを使うのが得意なファイターにとっては、角ばった物がターゲットとなる。刃は常に緊張した物と突起物を探している。ファイトでは体を曲げて構えるので、筋肉が強張る。テクニックとしての肘ストライクは避けるべきだ。自然な動きの中で肘を使うのが良いのだ。

■肩、背中、胸の可動域拡大トレーニング

接近戦では肩、背中、胸をディフェンス、オフェンスに使う。誰かに肩を掴まれたら、肩を上げて脱する。ロープで縛られそれを断ち切れない場合は、体の自由になる部分を見つけ動かして脱する。自分の体を解き放つ方法が見つけられたら、肩で直接相手を打つことが可能だ。状況によっては相手の頭を無理矢理自分の肩に近づけて、ストライクと同じ効果を出すこともできる。肩を動かして自由にする練習をしていると、そのようなダブルストライクを簡単に放てるのだ。体の健康度をチェックするのにも良い。いくつになってもトイレは自分で行きたい。肩や関節の可動域が広いと、体のどの部分でもストライクができる。それが健康の証である。

ファイトでは肩を小さく器用に動かせることも重要である。ナイフで首を切りつけられそうになったら、肩を数センチ上げて横方向への首の切り付けを回避できるかもしれない。そうしながら、銃を取り出したり別の対策を見つけたりして、命を守ることができるだろう。

可動性、リラクゼーション、自由に動けることは武術と健康に不可欠なものである。全て同じだ。パンチされたら体全体を動かす。あばら骨などどこでも良い。自分をロックしてはいけない。腹に極度に力が入っている時、相手が直接そこを打たなくてもその少し上を打たれたら、あばら骨が砕けてしまうこともある。

体のどの部分を使ってもストライクができるかどうかが、サバイブ能力のテストになる。体の健康状態を決める要素は一般的に可動性である。健康と武術は直接関連し合っている。拳かナイフで胸を突かれたら、リラックスしてそれを躱すか逆手に取ることができなければならない。あばら骨を動かせないほどどこかが緊張していると、自分を危険にさらす

ことになる。

■膝を使って姿を眩ます

システマの訓練の面白いところは、内容が直線上を進まないことだ。グラフ上を単に上に向かって伸びる線ではない。突然曲がったりターンしたりする。ヴラディミアのクラスでは、普通のクラスではできないことを経験する。練習相手と一対一で練習している時、背後、横、下からロックされたり、打たれたり足をすくわれたりする。練習相手ではない誰かに不意打ちを食らう。立ち上がる頃にはその影はない。それは練習相手とのエクササイズで自分がよくできたと満足している時に突然起こる。軽く突っつかれたり、平手打ちを受けたり、足をすくわれたりして倒される。その仕掛け人はヴラディミアである。（ヴラディミアの予期せぬ行動は、激励のサインや自分を深く観察してくれた結果のアドバイスでもある。）

システマの訓練は飽きることがない。本書はできうる限り内容を序列化し、組織立てているつもりだ。本書の骨子は受け入れやすく自然な流れ、構成を心がけた。しかしヴラディミアとの練習では、常にあらゆる種類のカーブが投げられるのだ。例えば、見出しに「膝」という言葉があると、膝をストライクのツールとして使うムエタイのキックボクサーを連想するかもしれない。

それも間違いではないが、ヴラディミアの世界はもっと広い。注意！ この議論はシステマの非線形スタイルの世界を隅々まで行く。「膝を相手の股間に」という想定外の場所まで読者を連れて行く。基本的に彼は、ストライクに使えるツールのほとんどは移動するためのツールとしても見ることができると教えてくれる。それもファイトでは重要である。

私は膝を正しく歩くためのツールとして見る。歩行に上手く使えるなら、打つのにも使える。膝に怪我があったらそれでおしまいだ。歩く、正しく座る、足を上げることなどができない。武器として使うことができなくなる。全てが駄目になる。怪我への恐怖心から動きが制限される。だが膝がリラックスしていると、よりスムーズに動き出せる。スクワットの練習では筋肉を使って体を落とすのではなく、膝をリラックスさせればよい。考え方を変える。私は腰を下ろす時、膝を緩めるだけで筋肉は全く使わない。だから即座に人の前から消えることができるのだ。筋肉を使って速く腰を落とそうとすると、その緊張が一部の筋肉から隣の筋肉に伝えられ膝の動きを妨げる結果となるが、膝を緩めておくと簡単にできるのだ。膝は低い動作を取るための関節だ。膝がなければ即倒れてしまう。しかし「倒れる」こともコントロールの下で成せる。意識的に動くことで、他人から見れば突然消えることも可能になる。つまり体を低くするのに段階はない。慎重にスクワットをするのではなく、膝を緩めれば良い。そうすると息切れもなく、心臓の鼓動も平常のままだ。筋力を使わなければ心臓にも負担がない。何のプロでも究極のゴールは疲れずに目的を果たすことだ。

ヴラディミアの突如として「姿を眩ます」スクワットが、彼のどこからともなくサッと現れ精密なキックで簡単に相手を倒してしまう鍵のようだ。

膝は緩めておく。あるのを忘れるくらいでよい。そうするとキックの速度が驚くほど速くなる。余計な動きなしにキックできるようになる。

ヴラディミアは若い頃、一度膝を痛めた。私はヨガや他の武術のトレーニングで膝を痛めた友人を多く知っている。彼は膝を強度に痛めたにも関わらず、今は毎回クラスで驚くほどの格闘術を披露している。その理由を聞いてみた。

呼吸とリラックスのエクササイズで回復した。今では痛みはほぼ無い。どのようにも上げることができる。この怪我と一生付き合うのかなどと決して落胆しないことだ。怪我とは、一定期間自由が束縛された状態だが、いつかは解放されるものだと考える。慢性痛は誰かに掴まれて一生逃れられない状態だ。ホールドから脱出する最良の方法は怪我から解放される、脱出することである。それが最初の練習だ。後に掴まれた状態やチョークなどの対処方法を学べばよい。

怪我に関する一番の問題点は、それをどれくらい深く心理的に自分の中に浸透させてしまうかだ。そしてどれくらい長く悩むかだ。我々は「どうしてこんなことが起こってしまったのか」と気落ちしてしまう傾向にある。怪我の起こった理由を考えることこそが先決なのだ。

私はヴラディミアが自身の膝の怪我について、その原因が分かったかと知りたくなった。

私はその時、見せびらかしていたんだよ。ミカエルは、人は最初にパンチを食らった時のことをよく覚えていて不平不満を言う、と話す。「こんなに強く打ってきた。本当に憎い」。しかし、その時どうして怪我をしてしまったのかとは考えない。相手に挑発めいたことを言ったのかも知れない。覚えていない。覚えていないというのはよく起こる。相手が先に仕掛けて来た。だから相手が悪いと考える。もしかしたら、自分が放った一言が相手をそうさせたのかもしれない。怪我やトラブルのほとんどは、私達が誰かの気分を害したりイライラしたりしている結果として起こるものだ。だからそうなってしまった原因を探るべきである。ある日のセミナーの帰り、ミカエルと歩いていた。彼はセミナーを振り返り、パンチを出した時にどうして足の指を怪我してしまったのだろうかと考えて

いた。心の中でかなり真剣に考えていた。どうして？誰だ？　自問自答していた。「どのように彼にパンチしただろうか。彼はどういうリアクションをしてきたか。自分が足の指に怪我をしてしまったのには理由があるはずだ……」最後に彼はその原因を突き止め、ハッピーになった。

膝の話だけを期待していたと思うが、多少脱線してしまったようだ。本書の内容を全てカテゴリー別にまとめようとしても難しい。システマは切手収集のようにはいかない。システマの真のレッスンは想定外を想定しろ、ということだ。「ストライク」はシステマのほんの一部である。しかしその一部にシステマの全容が投影されている。ホログラムだ。本書の各章ではその章特有の事象を扱い説明するだけでなく、ストライク全般のヒントも盛り込まれている。

ヴラディミアのレッスンの概要は、次のようにまとめられる。キックする時は脚全体を上げない。膝をソフトに保ち、筋力を使わずに膝だけを上げる。歩いている時のようにスムーズにサッと膝を上げる。それが良いキックだ。

■レッグ（脚）と足

ツールには、ストライクと体を移動させる二つの目的があるという、ヴラディミアの論理をさらに深めよう。その前に前述の「石の手」を作る拳コンディショニングプログラムの一部で、「動かす」というセクションがあった。それがどのようにレッグ（脚）と足に適用するかを説明したい。

レッグにもそれは応用できる。座った状態で足の踵で緊張部分をこするのだ。こする踵とは反対のレッグの下方緊張部分を掻いたりなぞったりする。踵をツールに靭帯を全て探し当てる。手を使ってはいけない。手の指はこの仕事には繊細で小さすぎる。踵を使うと奥深くま

で入り込む。膝、足首や他の足の故障の治療に良い。踵だけでなく足の親指の付け根にあるふくらみ部分も一緒に使うと良い。マッサージの間、動かしているレッグの側の腰も強化され柔軟性も高められる。マッサージをする箇所以外は、できるだけリラックスさせる。誰もマッサージを施してくれる人がいないかもしれないし、他人にマッサージされるのを好まない人もいるだろう。上手なマッサージ師はあまり多くはない。彼らにとっては全てがルーティーンワーク。ただの仕事だからだ。自分でやるのが良い。

レッグと足をさらにアクティブに使うには、片足で立ちもう片方の足で数字やアルファベット、自分の名前を書いてみると良い。床や壁を想像上の紙に見立てて書いてみる。体のコーディネーションやバランス感覚を高め、マルチタスクの絶好の練習にもなる。これ以外でも、日常生活のあらゆる活動がトレーニングの機会となる。普通なら手を使うところに足を使ってみるのもいい。

ミカエルと一緒に訓練をしていた当初、私にはバランス感覚があまり無かった。そこで足を使ってドアを開け閉めしたり、足の指で物を拾い上げたりしてみた。そんな練習をしばらく繰り返しているうちに、良いバランス感覚が生まれた。誰にでもできる。これらは私が試みた練習方法だが、レッグと足が鍛えられ自由に動けるようになる。

ヴラディミアのキックは精密な正確さとパワーがあることを、私は身をもって体験している。顔も含めどこにキックをしても、外科医のような正確さでターゲットに当て、完全にコントロールする。裸足でも靴を履いたままでも、彼のキックは誰のキックより痛烈だ。

レッグを使う時も同じだ。相手の下半身のどこでもいい。膝、股間、内腿、腿の外側、脛、足首などにリラックスしてキックを入れる。筋肉がリラックスしていると、腱や膝などの関節もリラックスする。何度も足でストライクするのが全く苦ではなくなる。そういうキックはとても速い。レッグを使ってストライクすると、人はその衝撃の瞬間に体中が緊張してしまう。システマでは、足でキックする時はレッグ全体がリラックスしている。

言葉で説明するのは難しいが、ヴラディミアのキックを見ると他の人のキックとの違いが一目瞭然だ。彼のレッグの関節は全て完璧にリラックスしている。中国武術カンフーで使う三節棍を思わせる。小さな棒の間の節が緩んでいるのだが、衝撃は破壊的だ。節で繋がっている三つの棒がそれぞれヴラディミアの腿、脛、足という感じだ。

キックが正確で速いだけでなく、足がターゲットに当たった時の衝撃は大きく、痛みも尋常ではない。システマには足のための特別なコンディショニングトレーニングがあり、それが強烈なキックを生むのだろうと考えたくなる。

攻撃を仕掛ける時、緊張が自分の動きを制限することがしばしばある。一定の方向には動けるが、別の方向への動きが制限され鈍くなる。足のコントロールを高めるなら、歩く時に床や大地に接触した足裏全体を感じられるように練習する。これが緊張せずに歩く訓練だ。戦術的な歩行もある。目的によってはつま先だけを使うなど、床との接触を最小限に抑えて歩く方法だ。だが最初の練習は、床と接している足裏全体を感じながら歩く。システマのスクワットにも同じことがいえる。スクワットの方が足裏全体を感じるのは簡単だ。感じられなければ即、バランスを失ったり体が強張ったりする。

（システマのスクワットについては『Let Every Breath』で色々なバリエーションを詳細に説明している。）

レッグと足をストライクや移動のために訓練するには、呼吸と動きを連動させる。そのための歩行練習を次に紹介する。どの要素も無視してはいけない。

まず立ち、準備として呼吸をする。真っすぐに立ち、足裏で床を実感する。体全体がリラックスできれば、足裏で床をきちんと感じられる。下を見ない。体を真っすぐにし、視線を目の高さに向ける。ここで正しく立っているかどうかをテストしよう。立って少し前傾になる。その時、息を吐きながら行う。体重を前に少しだけシフトするが、足裏は床に付けたままだ。緊張が生じた部分を覚えておこう。

その後で体重を後方にシフトする。強張るのはどこだ。背中か、肩だろうか。後ろへ傾く動作は心地良いものではないので、心までも硬くなるかもしれない。次に横にシフトして緊張が走る部分を捉える。その時に正しく十分に呼吸していないことに気づくかもしれない。実際のファイトで相手が襲いかかってくると、足が固まってしまうかもしれない。そうすると後方へ動くのが難しい。足を自由に動かすのが難しい。そして緊張から攻撃的な感情が生まれ大きくなる。体内に緊張が生まれると、より攻撃的になり恐怖も増す。だからさらに攻撃的になる。攻撃性は自分の動きや思考を止め、認知力を下げてしまう。自分の後ろ、周りに何があるか見えなくなる。

グループで動きながら自分の緊張をコントロールする練習もできる。真っすぐに立つ。息を吸って吐く。次の呼気で少し前に出る。そして吸って、吐いて、後ろに下がる。緊張はあったか。どこだろう。次に歩き出す。歩く時は床との接触部分を意識して、その感覚を維持する。ドリル中、誰かが自分の方へ

歩いて来たら避けよう。相手に止まれと言う必要はない。自分から自然に静かに避ければ良い。

方向転換が特に重要だ。吸う、吐く、次の呼気で方向を変える。自分をロックせず、呼吸も止めずに行う。方向転換したら隣の人を見る。彼に緊張は見られるだろうか。足を軽くして普通に自然に歩く。緊張が生まれたら即ストップし、呼吸をしてまた歩き続ける。体のどの部分が止まったか、ブロックされたように感じたかに気づけるようにする。動きは至ってシンプルだ。簡単に周りを観察でき、軽く動く練習もできる。

■足踏みドリル

足はストライクだけでなく、動くために使うことも同じく重要だ。ここで私が好きな、シンプルでありながら独創的なシステマのドリルを紹介しよう。システマの基礎中の基礎であり、華麗に足を動かすドリルだ。

練習相手と向かい合わせで立ち、両腕を上げ、互いに掌を付けずに合わせる。下を向かずに相手の足を踏んでみる。何度も試みよう。相手は踏まれないように動き回るが下を向かない。その理由は動きがどこから発生するのかを確認する必要があるからだ。動きは相手の上半身から始まるのが分かる。数分したら役割を交代する。

相手の足を負傷させるまでに踏みつけない。相手が動く前に相手の足の甲に自分の足をのせるだけだ。相手は巧妙に動かねばならない。スムーズに心地良く。踏む方はどんなサインも相手に見せずに自然にアプローチしてアクションを取る。ポーカープレーヤーかどうかが分かる。役割を交代して何度か行ったら、自由に動いてお互いにお互いの足を踏んでみる。足を踏まれないためには動かねばならないが、同時に相手の足を踏むことも考える。呼吸を止めてしまわない。必要であれば呼吸を整える。

相手の足を踏もうと試みる。

両腕を上げておく理由は、一つに良い姿勢を保つこと。二つ目は肩が疲れても腕が上がっているのでそのままファイトに移行しやすいことだ。もちろん肩にはある程度の緊張を維持する。

これは私がシステマを始めた16年前に教えてもらったドリルの一つだ。私はこのドリルがことのほか、気に入っている。「肉体的」な訓練では全くない。例えればポーカーだ。タスマニアデビルのように、クレージーに相手の足や床を踏みつける必要はない。精妙さを養うドリルだ。正確さと勘の良さを必要とする、とても洗練されたマインドゲームである。自分の意図や感情を漏らさないように、徹底した冷静さを培う訓練だ。さらに微妙なフェイントをかけて、相手の注意力やリアクションを操ることも学ぶ。このドリルには無限の創造性がある。実際の格闘で見られる醜さは影も形もない。バイオレンスゼロの華麗さがある。

しかし見かけに騙されてはならない。このドリルから学ぶのは、いつでも相手を転ばせることができる術だ。それも自分が気づかない間に学んでいるのである。相手を転ばせることに関して、ヴラディミアは並外れた達人である。いつ彼が忍び寄ってくるか分からない。そして一度の試みで彼の技は全て成功する。平均的な生徒であっても、単に足踏みドリルから、どんなに些細でも相手を転ばせる術を気づかないうちに吸収することができる。

私はアジアの様々な武術を教えることがしばしばあるが、システマに比べこれらの武術は、より厳格で静寂な空気がある。システマはみんながリラックスしていてピースフルだ。だが稀に海外でタフな相手から「俺が向かって行ったらどうする?」と挑戦を受けることがある。そういう時は彼らの挑戦を受けて立つ。実践の場で相手と向き合い、ギリギリのところで相手にとっては想定外の場所に身を引く。そうすると彼らは強烈な勢いで床に倒れてしまう。まるで袋に詰められたジャガイモが狂ったように音を立てるかのようだ。この小さな術で有名なスペインの闘牛士、エル・コルドベスになったような面白さを味わう。

システマの紳士的な転ばせ術は、あらゆる武術の中で私にはとても優雅で楽しい動きに見える。しかも足踏みのドリルを練習しながら知らずに身につくスキルだ。このドリルは、体の部位がツールと移動の両方に使えるというシステマの精巧さを表している。

常に思うことだがシステマは、ミサイルが通常の兵器からスイッチ一つで瞬時にして核兵器に変わるように過激な変化をすることがある。先のドリルで培った足踏みのスキルは、破壊的な使い方もできる。ヴラディミアは時々、相手の足の甲にホップして飛び乗ることがある。現実の格闘場面では、攻撃相手の地に根ざした方の足の甲に全体重を集中的にかけて飛び乗るのだ。

何度も目にしたデモでは安全性が考慮され危険に至

ることはなかったが、実際にヴラディミアが本気になったら、相手の足は完全に破壊され永久的に使い物にならなくなるだろう。言葉でこの感覚を説明するのは困難だ。実際に見ればその威力がわかる。次の引用が理解できるだろう。

私が彼らを絶ち滅ぼし、打ち砕いたため、彼らは立てず、私の足もとに倒れました。

（サムエル記第二22—39）

足踏みドリルの「礼儀正しさ」に惑わされないようにしよう。システマストライクのコアにある真実がどんなものかという感覚を掴んでほしくて、危険な話にまで及んでしまった。ある程度理解してもらえたであろうか。一つにはストライクと動きには境界線がない。二つ目はこのアートを最後まで見たと思った瞬間に、またひと捻りあるのである。

第6章

ターゲット

一般的に考えるターゲットゾーンは皮膚、筋肉、内臓である。それぞれが固有の特徴を持ち、自己防衛の手段としてさらにセラピー治療として、これらのターゲットゾーンにストライクを打つ。

■皮膚

武道家にとって自己防衛の手段として「皮膚」をターゲットとして打つという考えは奇妙だろう。もっともだが、システマでは何でもありだ。より正確に言うなら、皮膚へのストライクが自己防衛のトレーニングに役立つ。皮膚へのストライクを理解して実際に使ってみると、先に紹介したグラブを外すトレーニングとの類似点が見えてくる。緊急時にはほとんど使われることはないが、ストライクの属性を高めるのに役立つ。

相手の皮膚をターゲットにストライクを打つ訓練から自分のストライクの正確性を養い、力の入れ具合を学べる。皮膚にストライクを受けると体がチクチクしてくる。相手のリアクションを言葉にすることはできないが、相手の様子を見て苛立ちの度合いを理解し、どのようにしたらより効果が出るかを勉強するのだ。

1938年のロシアでの取り調べがどのように行われていたかを、ある経験豊富な男が語ってくれた。当時、大学の教授や高学歴者などがしばしば尋問に呼ばれることがあった。彼らは拷問を受ける覚悟をしたものだが、取調官は靴を脱ぎ相手の顔を靴で叩くだけだった。しかしその行為は、尋問される側にとって名誉を傷つけられ、精神を完全に破壊されるものだった。それ以上の拷問は必要が無かったのである。「お前はゴミ箱同然だ。パンチする価値もない」と言われているようなものだった。正しく拷問を受ける価値さえもない、と。

トレーニングでは相手の体深くではなく皮膚の表面だけを狙ってパンチを打つと、相手は妙な動きを

し始める。興奮し苛立つ様子に面食らうかもしれない。硬いパンチを放った訳ではないからだ。皮膚へのパンチは相手の苛立ちを引き起こす。皮膚には神経の末端が多く集まっている。虫が皮膚にたかるのを私達が嫌うのはそのためだ。

皮膚にストライクを受けることで生じる苛立ちは、ストライクを受けた本人の緊張の度合いを示している。従って、穏やかでリラックスしている人には皮膚へのストライクがあまり効かないこともある。

皮膚へのストライクは、トレーニング以外にセラピー治療に使うこともできる。人を目覚めさせたり、ちょっとしたショックを与えたりして危険への注意喚起をすることが可能だ。人は恐怖や痛みでショック状態に近づくと、自分自身の殻の中に閉じこもってしまう。とても危険だ。そんな時、皮膚にストライクを打つことで血液が再び流れ出し、脳が再活性されて適切な行動を取りサバイブできるのだ。

■筋肉

筋肉をターゲットにすると、より真剣な格闘になる。

スパーリング中、皮膚にストライクを発するのは一種の遊びとも言えるだろう。相手を活気づけて動くチャンスを与える。人は皮膚へのストライクをある程度許容できる。ところが皮膚から奥へ入るストライクは別だ。苛立ちではなく痛みが起こる。深いところにパンチが飛ぶと恐怖心が芽生える。筋肉にストライクを受けると、筋肉にはプライドと個としてのアイデンティティーがあることに気づく。胸、脇の下、肩の後ろの筋肉はエゴと密接な関連がある。また首の後ろはストレスを抱え、ふくらはぎにはネガティブな記憶を溜め込みやすい。筋肉へのストライクは相手の感情の深い部分に入り込むことになる。その場所と効果は人によって違ってくるが、練習を重ねると徐々に理解できるようになる。

筋肉は手足の骨をカバーし、胴体にある内臓をカバーする。

手足をターゲットにする場合。相手の腕に力みがあると、相手の手足に放つストライクは痛烈な痛みとなる。筋肉が緊張すると痛点をさらすことになる。それは相手ばかりか自分にも影響を及ぼす要素である。故に打つ時は、拳以外はすべて緩めておく。そうでないと自分を危険にさらす結果となる。また相手の筋肉を打って相手のポジションを変えることも可能だ。相手の腕の筋肉を上に向けて打つと相手の腕は上がり、下に向けて打つと腕は下がる。

これが理解できると、微妙な動きもできるようになる。例えば友人の背後に立っているとしよう。誰かが友人を前からパンチしてくるのに気づいたら、友人の腕の筋肉を上に向かって素速く打つと腕が自動的に上がり、友人は相手からのパンチを凌ぐことができる。友人に自分自身を守らせることも可能である。マスター達のワークショップでこの技を見せたことがある。

腕や足の筋肉を打つのがどうして良いのか。それは攻撃性を誘発しにくくするためだ。ストライクが相手の顔や胴体に当たると深刻で、怖さも出る。腕へのストライクは、相手を驚かせ動揺させる。痛みは小さいがすぐに大きくなる。相手がその痛みに耐えている間、全てをストップさせることができるのだ。相手は腕を上げてさらなる攻撃をしかけることはできないし、自分自身を守ることもできない。

筋肉はムードや感情、プライド、攻撃性、恐怖などを溜め込んでいるので、相手の筋肉へ狙いを定めて正確にストライクを打つと、破壊されるべきものは全て破壊することができるのだ。相手の感情の構造を破壊したら、相手が元の状態に戻るには時間がかかる。

対立の場では、攻撃相手の筋肉を打って相手をリラックスさせるのがゴールだ。緊張が筋肉から消えると、攻撃の意図も消えるのだ。

■内臓

内臓をターゲットにするとは何ともエキゾチックで危険、さらに難しそうなイメージだ。ハーバード・メディカル・スクールの総人体解剖学を勉強しなければ、と思うだろうか。しかしヴラディミアはいつもの通り、実践的でアプローチしやすい角度から教えてくれる。

思うほど過激ではない。ロシアのボクサー達は勝つためには肝臓にパンチを打つのがいいという話をするが、そういった行為は無知さ、恐怖心、プライドから生まれる。この課題には慎重に取り組むべきである。まずは静かな環境での研究だ。システマに内臓を打つ訓練はない。あるのは内臓に触れる訓練だ。私達は自分自身を知るために色々試み、相手のリアクションを観察する。これがこの課題の目的である。

自分のターゲットが何かをきちんと把握することが重要である。何かを組み立てる前には、完成した建物のアイディアを持つ。トレーニングでも同じ。ただ「打ちたい」という気持ちでスタートしない。「内臓の一部をターゲットにしたい」と思ってはいけない。そういう野望があると正しいパンチが打てない。「筋肉よりちょっとだけ奥に行こう」という感覚が良い。内臓を「打つ」というよりも「タッチ」するだけだ。内臓を打つという表現には怖い響きがある。間違うと相手を破壊しかねない。酒を多量に飲んでいる場合は肝臓がもろくなっているので、「肝臓をタッチしよう」と外科医の気分になるのが良い。トレーニングではその感覚が特に重要だ。相手にダメージを与えなければ、彼とは友達でいられるのだ。

一般的に護身術を習っている人は「相手を傷つけた

くない」という考えはあまり持ち合わせない。武術家のほとんどはクラスメートを痛めつけようと思っているわけではないが、一日の終わりには現実のストリートファイトに備えてトレーニングしているのだと感じずにはいられない。「実際のファイトでは、練習の時と同じような戦い方になる」とよく言われる。だから負傷回避の考えは自己防衛には当てはまらないと多くの人が考えるだろう。好戦的な考えは格闘技の世界でよく見られる。十代の頃にタフな男とよくスパーリングをした。彼にはリング上でしばしば打ちのめされた。ある時、4ラウンド過ぎに彼はボコボコになった私の顔を睨み、自分のマウスガードを外してこう言った。「リングではお前を痛めつけるのが目的だ。それ以外に何の興味もない」。彼の言葉にショックを受けたが、ある観点から考えれば彼の理論も正しいと理解できる。

どんなケースであれ、この課題についてのヴラディミアの考え方は広く深い。

自己防衛を習うなら、世の中や人生全般について習う必要がある。人間であるという事実の基本的な知識を持つ。「強いパンチ」を習得したいと思う人がいるが、「強いパンチ」とはどんなパンチだろう。おそらく彼らの体はその準備ができていない。それでも強いパンチが習いたいか。結局は棒を掴んで猿のように相手を打つ。ロシアでは誰も野球をしないが、野球のバットはよく売れる。多くの人が車のトランクにバットを入れておく。こういった粗野な方法で自分を守るのも悪くはないが、もっと深く考えねばならない。私達はいつまでも若いわけではない。自分の恐怖心、先入観、限界についてよく考えねばならない。これらに対して深く取り組むことがこの課題の一部である。

凶暴な襲撃者をたった1回のタッチでストップするという場面を想像すると、私達は感心する。クールで前向きだと思う。私達にはきちんとした人道的

な基盤が備わっていると気づかされる。もちろん相手を叩き倒したくなる感情が起こることもあるだろう。しかし私達の根底には、善意と健康的な強さがある。正しい方法で訓練すると、そのことに気づくようになる。

デモでミカエルの放ったストライクで生徒が漏らしてしまったことがあった。打たれた後5分位経ってから、生徒は静かに体育館を出てトイレに向かったので誰も気づかなかった。しかし翌日、長い間患っていた腎臓がミカエルのストライクで楽になったと生徒はその時の様子を語ったのだ。

内臓へのストライクのテクニカルな詳細について、例えばタッチするのか打つのかの選択などは、全て本書で説明している基本的な概念をマスターすることにかなり依存している。これは、相手を特定の心理状態にするための「感情を引き出すストライク」に大きく関連する。この技術は上級のもので、ミカエルも詳しくは説明しない。興味がある人にはさらなる勉強の機会となるトピックである。

◎支払いと報酬

これまでストライクのターゲット層を皮膚、筋肉、内臓という身体構造的観点から説明してきた。セラピー治療の解説のようにも聞こえるが、それは偶然ではない。ファイトと癒しを同時に語るのが奇妙に思えても、両方とも強烈な相互作用が働いているという点で類似性がある。自分に何が起こっているかを意識し、相手がどのような状態かを常に観察するという点でストライクもセラピー治療も同じである。

テクニカルな面での基礎を理解してもらえたと思うので、議論をさらに深め、別の例えを用いてストライクの戦術的、感情的、心理的な面を考えてみよう。ストライクは代金を払って商品を得るという経済の枠組みでの**交換相互作用**としても考えられる。後のヴラディミアの説明で、その意味がより鮮明化するであろう。

ストライクの練習はエネルギーと情報を交換し合うことでもあるので、それを商品購入の行為に例えて考えるのはそれほど過激ではない。ストライクの練習も商品購入の行為も、二者間のギブ（与える）とテイク（得る）とその整合性が必須である。ここで前述の三つのストライクゾーンをより一般的な概念の、浅い層、深い層、最下層という言葉に置き換えて考えてみる。ヴラディミアはこれらの三つの層におけるストライクの練習を、支払い、報酬、評価というユニークな例えを使ってまとめている。

浅い層では緻密に計算された情報とエネルギーを練習相手にギブするが、相手にはその見返りとしての大きなリアクションは期待しない。だが自分の計算通りにストライクが放たれたかをきちんと評価する。自分が意図したものを相手はレシーブしたか、また自分の期待通りの結果が相手から返ってきたかを確認する。またこのインタラクションで自分の力が弱まったりしないことも確かめるのだ。この一連の考えを基にしたヴラディミアの言葉を次に紹介しよう。

浅い層へのストライクは、練習相手に1ドルを与えて多少のお釣りを期待するようなものだ。浅い層（皮膚）へのストライクを打って、相手が期待通りにリアクションを返してくるかどうかをみる。苛立ちを見せるか、精気を取り戻せるか、あるいはポジションを変えてくるかなどのリアクションだ。目的毎に打つ強度を調節しながら、その成果をみる。ストライクのエネルギーが自分に返ってくる場合があるので、その跳ね返りの強度もチェックする。

深い層へのストライクの練習も同様だが、支払額が多少高くなる。

深い層（筋肉）へのストライクの練習では、10ドル以上を与えていくらかのお釣りを期待する。相手にストライクを発した後で自分に返ってくるエネルギーの量、相手が味わう痛みの度合いを確認し、自分のストライクの深さや軌道の影響もチェックする。このレベルでの練習にはある程度の制限が課せられ、また相手との共同作業でもある。

最下層へのストライクは、これら二つの層へのストライクとは異なるプロセスを取る。前述の二つは支払いに対する報酬、つまりエネルギーで支払いをしてリアクション（報酬）を得るという例えを使った。最下層へのストライクでは報酬を期待せずに、支払うだけ。つまり、ストライカーはレシーバーのリアクションや、その結果を計算し期待せずに、フリーに思いのままに打つ。結果として起こることは全てレシーバー次第である。一度ストライクを打ったら、その結果は天に任せる。実際の対決の場でよくあることだが、相手が強度に攻撃的になりプライドも増すと、どのようなパンチでも受けて立とうという覚悟が備わる。このレベルのストライクについてヴラディミアに語ってもらおう。

最下層へのストライクとは相手に自分の持つ全てを与え、見返りは期待しないストライクである。完全なるフリーのパンチだ。インタラクションも、期待も計算もない。相手に支払いなしのパンチを与える。支払わないのだから相手からの報酬もないのだ。

■頭

頭は考えるために使うのがベストだ。故にファイトでは頭をプロテクトするのが重要だ。首の筋肉を柔らかく自由にしておき、接触前には頭を避けられるようにする。またリラックス度が高まり適切な距離感が養えると、相手のストライクがどこへどのように飛ぶのかが分かるようになる。自分の頭に向かって相手がパンチを打つ場合、相手の拳の到達地点より2、3センチ遠くにポジションを取るのが良い。最初は正確に距離をコントロールするのが難しいが、本書のドリルを通して距離感が養える。

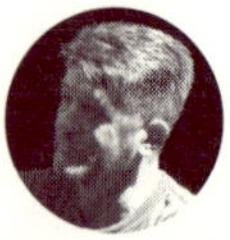

頭にストライクを受けた衝撃から回復するには、呼吸がベストである。血流を促進し血腫を取り除く。医療スタッフが来るまで、一定のリズムを保ちながら呼吸をし続ける。頭に怪我を負ったボクサーが試合後は大丈夫でも、帰宅後シャワーを浴び休んでいたら昏睡状態に陥ったということがある。これはボクサーが一定のリズムでの呼吸を止めてしまったからである。冷水を浴びると血流が促進され、神経システムと免疫機構が活性化される。前述のボクサーが試合前に冷水を浴びていたら、試合後大事には至らなかったかもしれない。

頭はまた武器としても使える。額の両側の二つの角が最も硬く強いので、そこをストライクに使うのが良い。頭突きはせず、相手に向かってこさせるのがベストだ。相手に自分の頭に体当たりするように仕向けるか、相手を自分の頭の方へ軽く引くと良い。頭突きは、相手が受ける衝撃と同じ分だけ自分の頭に返ってくるので注意したい。さらに額の皮膚がはがれると、流血で周りが見えなくなるばかりか戦い続ける力も失ってしまう。

祖国を守るための戦いとプライドを守るための戦いには大きな違いがある。過去のチャンピオン達の人生の最後を考えてみよう。成功と栄光の瞬間のためにどれほど大きな犠牲を払わなければならないか。身体的にも心理的にも破壊されてしまうことがあるのだ。

◎顎を打つ

顎を正確に軽く打つ。相手の「脳に触れた」という感覚で顎を軽く打つ。脳もある意味、内臓だ。そして脳のリアクションを見る。相手の目を見るとわかる。脳が震え始めると目も動く。

骨と骨とのぶつかり合いがどのように働くかを知ることが大事だ。相手の骨、自分の骨を破壊するのではなく、相手の脳を揺さぶるだけだ。正確なパンチは相手の視野を完全に損なわせる。相手が倒れる、ノックアウトするからではない。顎を軽くタッチすると相手は完全にショック状態になるのだ。そうして時間を稼ぎ、逃げるなり危険回避に必要なことができるのだ。相手の「世界」、つまり感知能力を狂わす目的で打つのだ。

ノックアウトパンチを食らわせる必要はない。顔は人のアイデンティティーでもあり最も重要にしてプライベートな部分なので、その部分への接触は冷酷な行為となる。重たい拳を正確に骨ばったターゲットに当てれば良い。骨ばったとは言っても前腕の大きな骨を意味しているのではない。正確に拳をターゲットに当てるという意味だ。激しくではなく強くでもない。真剣にである。

相手の顎を軽く押して、相手の首をリラックスさせることから始めよう。打ってしまうと顔は扱いが難しいプライベートな部分なので、こちらが緊張してしまう。相手の顎を打つと、相手と真に接触している感覚が生じるが、脳には届いていないかもしれない。相手の脳を感じられないなら、相手を感じていることにはならない。この種のパンチは相手の破壊が目的ではない。脳を少し揺さぶって、相手の脳が支配する世界観を瞬間的に惑わすのが目的である。

■体勢を崩す

システマのストライクは、体の一部にダメージを与えるだけに留まらない。ヴラディミアは相手の体勢を崩すのにもストライクを使う。そのストライクで相手は体勢が崩れ、脆弱になる。そこでヴラディミアがストライク、チョーク、またはロック、テイクダウンなど自由にとどめの手段を取り、ファイトを終わらせるのである。体勢崩しに効果的な脆弱な部分は、腰、膝、下腹、背中の下部、肩、さらに頭と首である。ヴラディミアが相手の足首に体勢崩しのストライクを打ったのを見たことがある。その効果は抜群だった。体勢が崩れる直接の原因には、次の要素が含まれる。

- **ストライクから受ける痛み**
- **ストライクの衝撃の力**
- **ストライクから受ける心理的なショック**

ヴラディミアとの練習では、これらの全ての要素を体験する。

体勢崩しは次のような時に有益である。

- **相手にバランスを欠かせる必要がある時**
- **相手のポジションを変えて、テイクダウンなどの次なる攻撃をしやすくする時**
- **自分のパンチに力が無くなっている時**

短いパンチをリーチ可能な関節部分に放つと、相手の体勢は崩れる。

相手の体勢が崩れたら、次はどんな手段でも相手にとって致命傷である。

第 7 章

ストライクのトレーニング

強打は強打しないことによって習得できる。
（ミカエル・リャブコ）

■ストライカー、レシーバー、SET

システマのストライクのパートナートレーニングは、攻撃側と受け手の両者を訓練するための一連の段階式ドリルから始まる。ドリルの数は無限にあり、またどのドリルにも無限のバリエーションがあるが、ここでは基本的なドリルを一つ取り上げ、それをバリエーションの基準とする。ここでのディスカッションは基本的に、次のセクションで取り上げる特定のパートナードリルにも応用が効く。

まず言葉の定義をしよう。新しい言葉を覚えていただくのは申し訳ないが、「Aさん」「Bさん」といった味気ない言葉は避けたい。また定義された言葉によって、ドリル全体の説明もわかりやすくなると思う。

ドリルは基本的に二人で行い、一人がもう片方に比べアクティブである。アクティブな方は概ねパンチを打つのだが、パンチだけとは限らないので「ストライカー」と呼ぶ。この言葉はシステマトレーニングのセラピー効果を示唆する意味でも良い。このトレーニングは多少乱暴に見えても、訓練する者を鍛え、エネルギーを増強させ強固にさせるものである。

最もシンプルな形は、一人がストライクをひたすら受けるというものだ。この役割の担い手を「レシーバー」と呼ぶ。**レシーバーはストライクを忍耐強く受け続けるが、そこから得るものもある。**ストライクを連続的に抵抗せずに受けるのは、決して受け身のプロセスではない。一見して完全な受け身姿勢に見えるが、チャレンジ精神が必要であり、奮闘した後には必ず成長がある。ストライカーとレシーバーという言葉よりも、金槌と金床という表現の方がわかりやすいかもしれない。

ストライカーはレシーバーを打つ。レシーバーはガードやディフェンスの構えをせずに、真っすぐ自然に立つ。この形には無限のバリエーションがあるが、ここでのディスカッションを進めやすくするために、ストライカーとレシーバーの関係をＳＥＴと呼ぶことにする。Strike Experience Team（ストライク経験チーム）だと想像しても良い。基本のＳＥＴは、ストライカーがレシーバーの前に（または横に）立って打つという、至ってシンプルなドリルだ。二人はあくまでもチームメイトである。

ヴラディミアはある時、プレッシャーが強まる対立シーンであっても、真っすぐな姿勢で立ち続けることに潜在的パワーがあると気づいた。その時、彼はすでに熟練の武術家であった。

軍隊の基地に初めて足を踏み入れた頃、私はいつもただ自然に真っすぐに立っている一人の男を目にした。彼がファイトするのを見ることはなかったが、きっと腕のいい

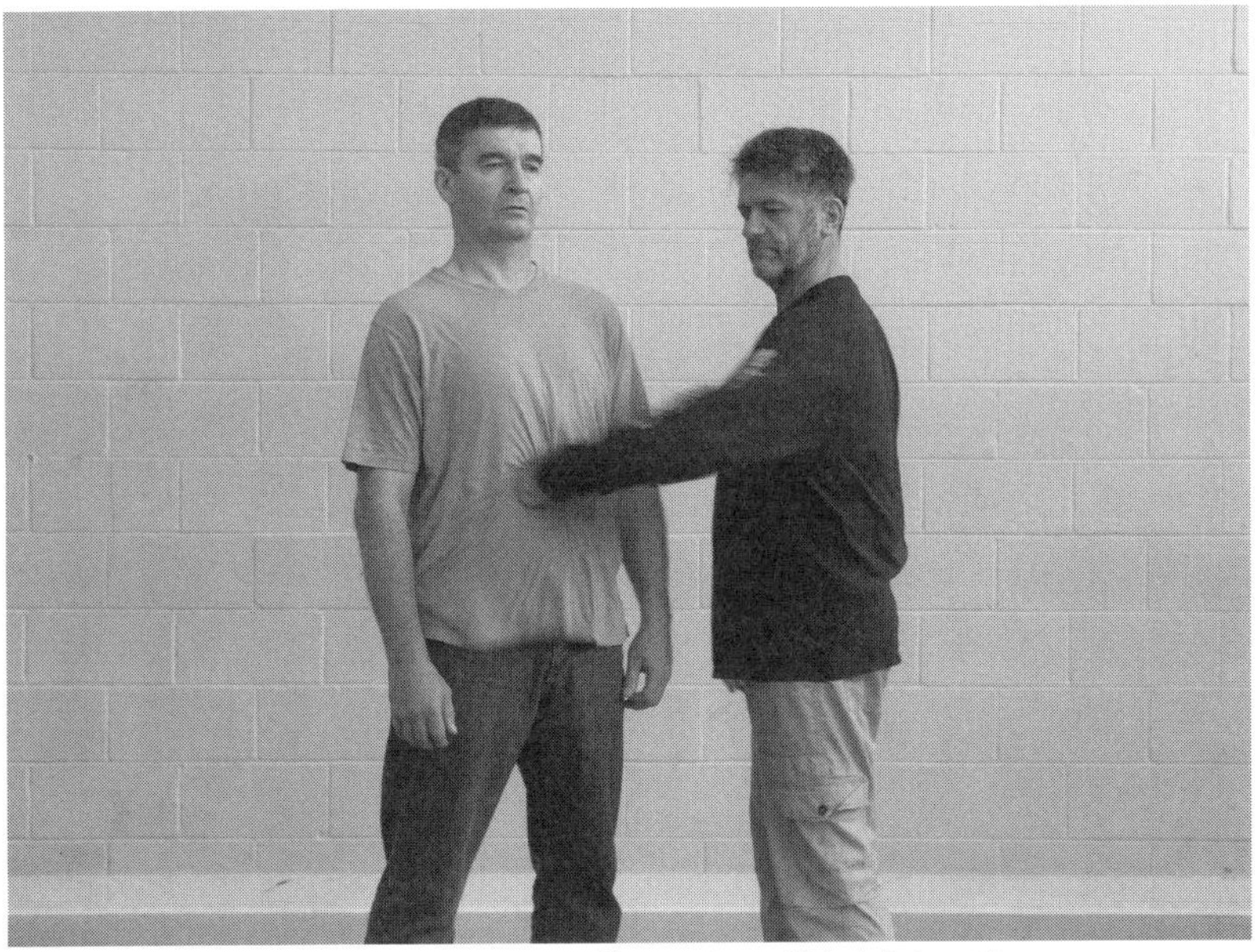

標準的なＳＥＴの位置関係。ストライカーのヴラディミア（右）とレシーバー。

ファイターだろうと思ったのを覚えている。彼は常にファイトを避けていた。だがある日、彼の発したパンチ一発、バーン！で全てが終わってしまったことがあった。そして彼は即立ち去った。ある時、私の友人がその男と手合わせをしてみたいと私に言ってきた。私はその男に言い寄り、その男は承諾してくれた。

男はさほど大柄でもなく頑丈そうでもない。よい体格をしていたが、私の友人の方がモンスターのように強そうだった。しかしその男のパンチで私の友人は一瞬にして倒れてしまったのだ。見ていた人は皆驚いた。集団攻撃ではなく一対一のファイトだったからだ。それ以来、機会がある度にその男を観察し続けた。ある日、彼がボクサーであることが分かった。背中を丸めて腕を前に強いガードを作る典型的なボクサーではない。私自身もボクサーだったが、彼は全く違ったのだ。彼は自然な直立姿勢で立っていた。彼のパンチは、ミカエルのように速くパワフルでかつ自然だった。普通ではない。何の準備もなくいきなり出すのだ。ショックだった。それから数か月間、彼がどのように状況に対処し、相手に向かうのかを観察し続けた。私にはとても良いレッスンだった。どんなに強いファイターでも、彼の前になす術がない。ストライクを打つ前の準備やサインなど全くないのだ。「フェアーじゃない。彼は構えも取らない。どうやって対処するのだ。正直者のすることではない」と正直その時は思ったが、後に「あ、とても正直なやり方だ」と思えたのである。

混じりけがなくクリーンだった。私は感心せざるを得なかった。彼は冷淡で打ち解けるタイプではなかったので、彼に一度もその技について尋ねたことはない。後に彼は別の部隊に異動になった。おそらくその類い希なスキルに誰かが気づいたのだろう。そして数年後ミカエルに会った時、彼にその男と同じものを見た。トレーニング方法としてそれが素晴らしいアプローチだと分かってはいたが、私は色々

なスタイルを研究し試し続けてみた。しかしミカエルが常にベストであった。

基本の形は、ドリルの目的に応じて柔軟に変えることができる。ストライカーがパンチではなくプッシュしたり指で押したり平手や拳でマッサージをしたり、あるいはレシーバーに決して触らないという選択も可能だ。レシーバーはドリルによってはストライクを返すこともある。動くこともある。より攻撃的になることもある。また複数のストライカーとレシーバーという形もある。SETではストライカーとレシーバーが色々な姿勢を取る。座って、寝そべって、跪いて、壁に寄りかかって、プッシュアップの姿勢で、ナイフや棒を持って、など様々だ。システマのトレーニングの形は無限だが、まず普通の形を説明しよう。

システマはダイナミックな武術であるにも関わらず、基本のトレーニングに静的な構えを取り入れる。常に「どうしてだ?」と疑問がつきまとう。常識的に武術の目的は打たれるのを避けることにある。どうして相手に打たせなければならないのだ。

現実ではパンチされる。トレーニングは、コントロールされた条件の下で現実に起こりうるシーンを再現する。誰もが人との接触を怖がり不安視する。接触は避けるべきだと思う。だから練習するのだ。パンチを受ける。それを受け入れる。ファイトではパンチを受ける。そして相手にパンチを打つ。ストライクの静的トレーニングは、自分自身を知る方法の一つである。自分に恐怖心があることを自覚せねばならない。私達のスクールでは、誰一人として生徒を傷つけたいと思う者はいない。生徒を強くしたいと願う。卵を割る時は押しつぶさない。程良い力で割り、中身を取ってそれを何かに使う。

1993年、トロントで初めてクラスを教えた。18人から20人の男達が来た。皆が黒帯でタフで強そ

うに見えた。私の最初のグループだ。彼らを見て頼もしく感心させられ興奮もした。黒帯はロシアでは最高レベルのスキルを意味する。本当に戦うスキルがあることを示す。後に北米では黒帯が大量生産されていることを知った。しかしロシアから来たばかりの私は、ただ彼らが凄いファイターなのだろうと思ったのだ。彼らはスキルも高くパンチも強かったが、ストライクの受け方を知らなかった。パンチからの回復方法もスムーズに動くことも理解していなかった。彼らは私のクラスにショックを受けた。私もだ！　皆が唖然とした。

　ミカエルとの初期のトレーニングで、私はよく腕利きのボクサーとパートナーワークをした。本当に素晴らしいファイター、私の町のフーリガン。タフな男だった。彼はロシアでよく言われる「止まらない男」だった。彼はどんな相手でも自制すること無く打ち続け、コテンパンにやっつけてしまうのだ。そこでの練習は、腕を背中に回しパートナーに打たれることだった。ボクシング経験者としてはとんでもなく恐ろしいことだ。私は「何のためだ」と驚いた。ボクシングではパンチを避けろ、接触を避けろと教える。「打つ。打たれない」がボクシングの基本である。前の相手を打つ。打たれたら間抜けだからだ。

　私は腕を背中に回した。数秒間、お互いが停止状態になった。私にとっては異常な状況、構えだったので何もできなかった。やがて相手はプロ並に私のあばら骨の際の肋下筋を打ってきた。力んだままその付近にパンチを受けると、あばら骨が大きなダメージを被る。また肋下筋が強張ると、体全体の動きが制限される。彼が私のあばら骨を打ち始めた時（その内側の筋肉ではない）、痛烈な痛みが襲った。自分を守ろうと力を入れたので、さらに状況が悪化した。

　この状況はボクシングのメンタリティとは真逆である。また相手のパンチは強烈だった。バンバンバン！　極度の痛みとショックが襲った。私は常に相手と体が触れることに恐怖心がある。しかし彼は、私にレスポンスの機会を与えずに打ち続ける。当時のミカエルは、呼吸を使ってパンチを回避したり自分を守ったりすることを重要視していなかった。彼は体を動かして相手との接触を避けろと教えた。だからそれ以来、私は常に動いている。この練習で体を動かそうと何度も試みたが、相手は非常に巧妙だった。彼はフェイントをかけ、私がリアクトすると突然私の隙を見てパンチを打ってきた。

役割交代をして、私が彼を打つ番になった。バンバンバン！　彼はショックを受けた。その後、何度も役割を交代した。彼とのドリルは1時間あまり続いた。私達は皆「ストライクが怖い」、だからこの練習をするのだ、とミカエルが言った。彼の言葉が私には奇妙に聞こえた。もちろんストライクは怖い。だからスリップ、ウィーブを習い、動きを覚えるのではないのか。

しかしミカエルは、それは弱さだと言った。「完璧に弱い」、その時はその言葉の上辺だけしか理解できなかった。奥深く考え、受け入れることができなかったのだ。打たれるのは避けたかった。だから町に出れば、防御にでるか逃げるかだった。逃げられなかったり自由に動けなかったりすることがあるのも承知していたが、そういう時は最初に相手を打とうと思っていた。あらゆる手段で自分を守り、打たれるのを避けるべきだと思っていた。

私のそういった考えは、ミカエルの主張とは食い違っていた。彼は恐怖を取り除いて強くなることが重要だと主張した。ボクサー相手のセッションを終え帰宅すると、私の体はアザだらけだった。後で分かったのだが、それは力みや恐怖心のせいだったのである。起きていることに抵抗しようと体内で全てが縮んでしまった。やっと自分を理解できた。自分が弱虫であったことを少し認めることができた。だからストリートでファイトとなると相手を打つのだ。

恐怖心からそうするのだ、と。

　しかし本当に分かるまでには数年を要する。自分の本当の姿は知りたくはないものだ。弱いと認めたくはない。しかし「自分は弱い」と勇敢に認めなければならない。単に自分に言い聞かせるだけではない。もっと深いのだ。相手に自分のことを弱いと言われたら憤慨するだろう。プライドと虚栄心がある証拠である。

　今でも打たれるのは怖いが、同時にそれを楽しめるようにもなった。後にミカエルの提案でゲストファイターにしばしば私を打たせることがあった。打たれれば打たれるほど、恐怖心と緊張が取り除かれていった。ストライクを受け続けると、その見返りにいいことがある。ただ自虐的になって楽しむのではない。徐々に大きくなる恐怖心の克服が褒美なのだ。自分の限界を克服できた見返りとして得るものは大きい。

　ファイトで打たれないと保証されれば、また自分を攻撃するものが全て見えそれを完全に避けることができるなら、このようなトレーニングなど必要ない。自分を試してみよう。人との接触に対してどのようにリアクトするか。ディフェンスだけを教える先生がいる。ディフェンスとはどういう意味だろう。人からパンチを食らうのは必至だ。だからリアクトの仕方を考えねばならない。至って普通のことだ。

実際、ヴラディミアは相手と近距離でトレーニングするのを好む。誰かに掴まれたりパンチされたりしそうになる瞬間、相手のポジション、緊張度、熟練度、意図を全て理解してしまう。このスキルは段階的に積み重ねて得るものだ。

もちろん最初は力を制限して練習する。それにはストライクの前にプッシュを練習すると良い。安定感を養わなければならない。一歩後ろに下がり、体の一部を突起させない練習をする。これらは全て実際の状況にも適用す

る。腹部をナイフで突きつけらたら、頭と首を低くし腹部を丸めてナイフを避けようとするだろう。すると攻撃相手は上方向に切りつけ、やられてしまうのだ。こういった間抜けなレスポンスを避けるために練習する。

軍隊ではパッドのついた長い棒を使って行う一対一の対決練習など色々ある。精神を鍛える意味で良い方法だろうが、その精神に匹敵するテクニックも必要だ。強靭な精神力があっても、自分より50キロも重い相手にどう挑めばいいのか。そういう時に備えて、精神とそれに見合うスキルを身につけることが大切だ。体格の良い相手はこちらの精神力など気にしていない。ただ破壊することだけを考えている。首をへし折ってそれで終わり。だからそういう時の対処方法を習得するのである。

■レシーバーが守るべき原則

私達は武道家だ。痛みを体験する必要がある。

ここでは基本的なＳＥＴでのレシーバーについて考慮すべき点を話そう。ＳＥＴでレシーバーとしてストライクに耐えている時、なぜ真っすぐに自然に立つことが重要なのか考える。まず人がどのように座るのかを検証しよう。リラックスして真っすぐに座る人もいるけれど、中にはかがみ込んで座る人もいる。その場合、息を吸うと体が強張る。入ってくる空気と前のめりの姿勢が衝突するのだ。

ＳＥＴ最初のトレーニングは、体の配置の仕方だ。息を吸って真っすぐ立つことを覚える。構えに少しでもひずみがあると、パワーが体内でひっかかる。打たれる時にぎこちないポジションを取っていると、その分痛みが増し呼吸できなくなる。深く息を吸えるように、かつ余計な力を入れずにポジションを取る。ＳＥＴでレシーバーになる時は、立ち方とその姿勢の維持に注意を払う。レシーバーは真っすぐに立って恐怖心を最小限に抑え、呼吸と動く力を最大限にする。

ボクシングや空手などの経験者は、自分を守ろうとして背中を丸くする傾向がある。悪くはないが、あるスタイルを習得したまま新しいスタイルを取り入れてスタンスを取ると負荷がかかる。どんなに自信があって自分の体に汚れはなく軽く自由に動けると確信していても、新しいテクニックは重荷になるのだ。余分な重みは健康によくない。だから真っすぐに自然な構えで立つのが良い。

■ストライクの除去の仕方

ストライクは体に唐突に過度のエネルギーを与える。それは内部で緊張となる。この緊張は除去しなければならない。ストライクのエネルギーとそれに伴う余計な緊張を除去するには、**呼吸**と**動き**の二つの要素が必須である。ここでは接触時の対処法と、ストライクから受ける悪影響の除去の仕方について、一般的な原則を説明する。次のセクションでは、接触時とストライクを受けた時に使う呼吸法の訓練を、五つのドリルで紹介する。まずは次に、要となる考えを紹介しよう。

ファイトでパンチが飛んでくるのが見えないと、当たったパンチを無効にするための正しい呼吸ができない。危険な状態だ。脚、腕、背中などにパンチを受けるととても痛いが呼吸はできる。だがみぞおちを打たれたら致命的である。呼吸ができなくなるからだ。そんな状況に備えて回復方法や呼吸をし続け、ファイトが続行できる方法を知っておくべきだ。呼吸ができ動ければ自分を守れる。倒れても動き続け逃げることができる。だが打たれて動けなくなったらおしまいだ。

だから動くこと、ストレッチして呼吸を続け、痛みを感じつつもファイトし続けることを習得しなければならない。どこを打たれても痛いという事実をまず認識する。しかしみぞおちへのパンチは、サバイバルスキルがあるかどうかが試される。呼吸ができれば倒れずファイトし続けられる。

呼吸が最初の要素である。**呼吸が動きを可能にする**ので、最重要要素である。実際には呼吸そのものが動きだ。体が動けなくなっても、呼吸によって体内は機能している。

呼吸と動きは一緒である。片方が無ければもう片方が存在しないという意味ではない。息を吐きながら動いてストライクを避けるか、そのパワーの浸透を避ける。ナイフを前にしたら固まってしまうかもしれない。呼吸をしていない間でも体内では小さな動きが絶えず起こっているが、恐怖心はその動きを止めてしまう。吐き続けることができると常に動ける。自然に立ってストライクを受ける練習の時も、単にストライクに甘んじているのではない。ストライクの対処法の要素である呼吸に焦点を当てて、他の要素と切り離して自分の呼吸を観察するのだ。この静的トレーニングで対象とするストライクは、見えないストライクである。どこから飛んでくるのか分からないストライクだ。この種の呼吸トレーニングは、ナイフなどを前にした時に役に立つ。息を吐いてリアクションを取る練習をすると、接触の瞬間が来ても吐くアクションが体を強制的に動かすことになる。結果その場を凌げる。ナイフなどの脅威にさらされると、体が固まってしまう。その攻撃をブロックしようとしても恐怖で筋肉が緊張し動きが鈍くなり、簡単に切り込まれてしまうのだ。リアクションとして息を吐くことを癖にしていると、体を自由に動かすことができ、サバイバルの確率も高まるのである。

呼吸せずに体を動かすと、恐怖が体内に徐々に蓄積される。適切な呼吸のアクションとは通常、接触時に息を吐くことだ。これには練習を要する。息をあまりに強くそしてスローに吐くと、自分の動きを妨げる結果となる。間違った、過度な呼気は体をさらに強張らせてしまうのだ。

レシーバーとしてトレーニングする時は、相手と接触したら軽いプッシュでもすぐに口から息を吐く。軽くプッシュされたら、**ストライカーのプッシュと同時に息を吐く**のだ。相手のプッシュと自分の呼気の間にギャップがあってはならない。プッシュまたはパンチは体内に圧力がかかる。その圧力を吐き出すのだ。ただ力づくに吐くのではない。深く強く吐き過ぎると、自分が受けるストライクの力を超えてしまい、余分なエネルギーを体内に吸収してしまう。この練習では、みぞおちから息を吐く。浅く軽く素早い呼気だ。乾杯の時、ウォッカを飲む前に行う速い呼気だ。

強いパンチを受けると、恐怖から息を深く吸い過ぎてしまうことがある。そうすると目眩が起きる。頭の血圧が瞬間的に上昇して倒れてしまうかもしれない。そういう時は、力まずに息を短く軽く吐くのだ。SETでレシーバーとして練習している時は、この軽くて短い呼気が課題である。息を吸ってはならない。緊張を吸い込むのではなく、吐くのだ。

ストライクを受けたら、呼吸できるか、動けるか、ストレッチできるかを確認する。そうすることでファイトし続けられる。相手に連打されても倒れることなく、動いたりパンチを返したりできるのだ。回復のために息を吐く。みぞおちにストライクを受けると筋肉が収縮する。軽く息を吐くことで筋肉がリラックスする。

だから、みぞおちへのストライクから回復する練習が大切なのだ。経験したことがあれば分かるはずだ。呼吸ができない状態は瀕死状態に近い。だから私達はストライクと

回復の練習をする。ストライクを受けたら、短くて浅い呼吸と小さな動きを開始するのだ。徐々に回復してくる。これで危険な状況下でも呼吸と動きを続け、サバイブできるのだ。

余計な緊張は絶対に良くない。しかし緊張そのものは良くも悪くもない。適切に扱えば練習の一要素となる。適切に扱うとは、**目的を持って使う**ということだ。緊張によって、生きることも死に絶えることも可能である。リラクゼーションも私達の生死をコントロールする。注目すべき点は、適切なかつ効果的なレスポンスが常に取れることだ。全てに対して、その時と場所を考慮する。

SETワークでは、緊張の度合いを調節して最大の効果をもたらす訓練をする。レシーバーとして自分を保護するには、緊張はさほど大きくある必要はない。全く失くすということでも、コチコチに硬くなるということでもない。ほどほどが自己防衛に必要な緊張の度合いだ。硬くなりすぎると、ストライクのエネルギーがみぞおちから頭へ上り、ダメージを受ける。緊張した体にパンチを受けると、益々緊張の度合いが高まる。体は反射的に丸まり、結果、緊張度が増す。

回復するためのもう一つの要素として、呼吸と密接な関係を持つ**動き**がある。レシーバーとして自分の体を自由に動けるようにしておくことが大切だ。動きは、ストライクとそれに起因する緊張から生じる過度なエネルギーを取り除ける。また動くことで、飛んでくるパンチの方向を変えたり避けたりもできる。だが息を吐く時に、意図せず自分の動きに制限を課してしまうことがある。それは間違った息の吐き方をしたり、自分の呼吸によって自分自身を緊張させてしまうと起こる。

回復するために取る最初の動きは「伸張」である。呼吸をして回復できたら、ストレッチして自分の体を大きく伸ばす。そうすることで外の世界と再び繋がり、ハッと目覚めることができる。どんなパンチでも受けると、一枚の紙が丸まってクシャクシャになるように体が縮まり硬くなる。

ストライクのエネルギーがレシーバーの体内で、クシャクシャになった紙のようにギュッと硬くなる。レシーバーはストレッチして、ストライクのエネルギーを除去する。

軽いパンチなら、その場で自分の体を少し動かすことができる。ストライクが進む方向に体をシフトして打をスリップさせるか、呼吸をしてその効果を除去する。パンチのエネルギーが深く体内に入り込んでしまったら、地面に転がるか大きくストレッチする。視野が狭くなってきたら、すぐにストライカーを見る。意識を戻すためだ。この方法はかなり具体的で、即回復に繋がるのでサバイバルには欠かせないテクニックだ。

動いて回復する方法はまだある。パンチが来たら片方の脚を上げてみる。パンチのエネルギーが深く入り込まないのが分かるはずだ。ストライクと同時に脚を上げると、体の緊張が和らぐのだ。

SETでレシーバーができることはまだある。ストライカーを観察することだ。ファイトを仕掛けられたりストライクを打ってこられたりしたら、攻撃者の振る舞いを見ると、その意図を理解できる。

人は自分の全てを見せている。だが自分の殻に長く留まっていると、そのサインをミスしてしまう。例えば、攻撃相手の肩が緊張しているのが分かると、彼のパンチがカーブするのも分かる。真っすぐに向かって来ない。だから少し角度を変えるだけで、その向かい来るパワーを逸らすことができる。相手の脚を観察しよう。かなり緊張していてスタンスにバランスを欠いているようなら、彼のパンチは自分にジャストミートはしないと判断できる。そこで少し後退してみる。パンチは深く入り込まない。相手を見て分析するのだ。相手の立ち位置や緊張度を観察することで、相手のパンチの威力を小さくしたり無効にしたりできる。相手が打って来るのが分かったらリラックスしよう。それが最初の準備だ。相手のパンチではなく相手の体を観察して、緊張度を理解する。相手の緊張の度合いを理解することが不可欠なのだ。見るのは彼のパンチではない、体だ。緊張は動きを小さくし行動範囲を制限するので、次なる行動が読める。

相手がどんな準備をしているのかを観察することがポイントである。相手がパンチを一発だけ打つつもりなら、彼の体は大きなストライクを発する準備をしている。一発だけならリラックスしているかもしれない。しかし連打するつもりなら、打つ度に体が次のパンチの準備で縮まり硬くなる。パンチや接触を試みようとしている時、人は打つ場所を見ている。胸、腹、股間、膝など目的の場所を見る。特別に訓練された人でない限り、人は打つ場所を見ているのだ。

最後に、何をしてもそのアクションの後遺症はある。その対処方法は、己に目を向ける、己を知ることだ。システマの鉄則である。

翌日に青アザを見つけたとしよう。それは必ずしも肉体的反応とは限らない。心理的な反応かもしれないのだ。心理的に極度に緊張していると、軽いストライクを受けただ

けでもアザができる。それは決して悪いことではない。役に立つことでもある。アザは時間が経てば消える。そしてその部分の血流が良くなる。そして経験から一つ学ぶことができるのだ。賢い戦士になれ。狂信的ではなく賢く振るまおう。

ストライクを受けて生じた緊張と痛みを取り除くスキルを高める方法を紹介しよう。それは段階式に行うプログラムだ。

そのプログラムは練習相手を要し、三つのステージから成る。指などで軽く相手を突っつくことから始める。ストライカーがレシーバーを突っつく。レシーバーの痛みを感じるレベルにもよるのだが、決して痛めつけずに軽く突っつく。レシーバーがタフで痛みに耐える力が高い場合は多少強く突っついても良いが、ここでは軽く突くだけにしよう。レシーバーは突っつかれた場所を手で払って痛みを失くそうと試みる。ストライカーは再び突っつくが、今度はストライカー自身が突っついた場所を手で軽く払ってレシーバーの痛みを和らげる。棒や拳を使うなど、色々な突っつきの方法を試みると面白い。訓練していない場合は強いパンチに対処できず、痛みに圧倒されてしまうだろう。強いパンチに対処できたとしても、意思の力のみでその痛みに耐えている場合がほとんどだ。それはこの訓練の目的ではない。軽い突っつきで始めるのが良い。ストライクを受けたらその余効を自分で取り除くこと、さらに相手に打ったストライクの痛みを打った本人が取り除くことの両方を練習する必要がある。

それが上手くいったら、体から余分な緊張や未処理の痛みを取り除くことができる。そしてさらなる強い衝撃にも対処できる。1ラウンドの練習で、突っつきやストライクを数回連続して試してみよう。少なくとも二打連続のストライクは練習すべきだ。二連打されると、一打目のストライクの余効の上に二打目のストライクが重なる場合がある。二打目のストライクが一打目の余効をカバーするので、最初のストライクからの痛みを取り除く必要はない。最後に背後からなど、どこから飛んでくるのか分からないストライクを受けた場合、その余効を取り除く練習だ。

ストライカーとして練習を積むと、前に受けたストライクの余効を消す対処法としてのストライクの打ち方が直観的に分かるようになる。例えば、腹部へのストライクは相手を屈ませるが、背中へのストライクは相手を後ろへ反らせる。だから腹部へのストライクの後、背中にストライクを打つことで相手は真っすぐになり、腹部に受けた緊張と収縮が消える。このように練習すると洞察力が深まり、打ったストライクが相手に及ぼす余効を除去したり、自身に受けたストライクの余効を除去する力が養える。

SETでレシーバーとして練習するシナリオや状況は様々だ。とりわけミカエル・リャブコからのパンチは、クラスメートやセミナーでのパートナーからのそれとは格段に違う。また攻撃だけではなく、セラピー効果を与えるパンチもある。色々なパンチの性質があることを肝に命じておこう。仮にレシーバーとしてディフェンスをする立場でも鋭く観察して、自分に何ができるかを常に考える。やがて養われた観察眼で、どんな状況にも対応できるようになるだろう。度胸がいる。打つのは簡単だが、ストライクを受けるのはそうではない。

■ストライカーが守るべき原則

ここではSETワークでのストライカーについて考える。はじめの課題は距離だ。

ストライクを上達させるには、いくつかの段階を踏む。まずは相手とのコンタクト。拳で相手をタッチする。その時の距離感が大切だ。相手の体に拳でタッチし、かつ自身

の心地良さも確認する。距離は奥深いテーマだ。接触前に相手に近づいていく過程は、あまり心地良いものではない。誰もがある程度の距離をおいてストライクを打ちたいと考える。だがここでは何も考えずに相手に近づき、心地良く相手に触れる練習をする。距離をおき相手を上下左右と観察、分析し、弱点や隙を見つけながらのスパーリングで開始しない。相手との距離が狭まると、即思考がストップする。ストライクのトレーニングでの理想的距離は、自分が一番心地良く感じる距離である。しかし実際のファイトシーンでは、相手は常に嫌なところにいるのだ。

パンチを打つ前に、相手を拳で軽く押してみよう。相手はその時、息を吐きながらそれを「押しのけよう」とするだろう。相手が正しく息を吐くと、拳は相手から外れてしまう。人間にはどの程度のパンチなら受け入れられるか、それをどの程度までなら体に浸透させられるかという心理的許容範囲があることを学べる。そのリアクションは人によって異なる。パンチに耐え忍ぶ人もいれば、その影響を見せない人、すぐに倒れる人などだ。また、呼吸の仕方や動き方を熟知している人、ストレッチしてパンチの効力を無効にできる人もいるだろう。人は自分でギブアップするかどうかを決めていることが分かる。最初は軽くパンチして、相手が呼吸だけで回復できるかどうかを確かめよう。後に、相手が動くことで受けたショックから回復できるかを確かめる。短く軽い呼吸が回復の基礎である。相手にプッシュかパンチで圧力をかけ、自分自身を観察しよう。相手だけを見るのではない。自分の緊張度、呼吸、拳の位置、相手との距離、構え、心の状態など全てをチェックして自分の状態も理解する。

打つ時は拳の表面のフラットな部分全てを使う。指を突き出して打たない。拳全体を使うと、常に体を適切に配置することができるのだ。おかしな角度で打つと、その姿勢から不自然な緊張が生じる。

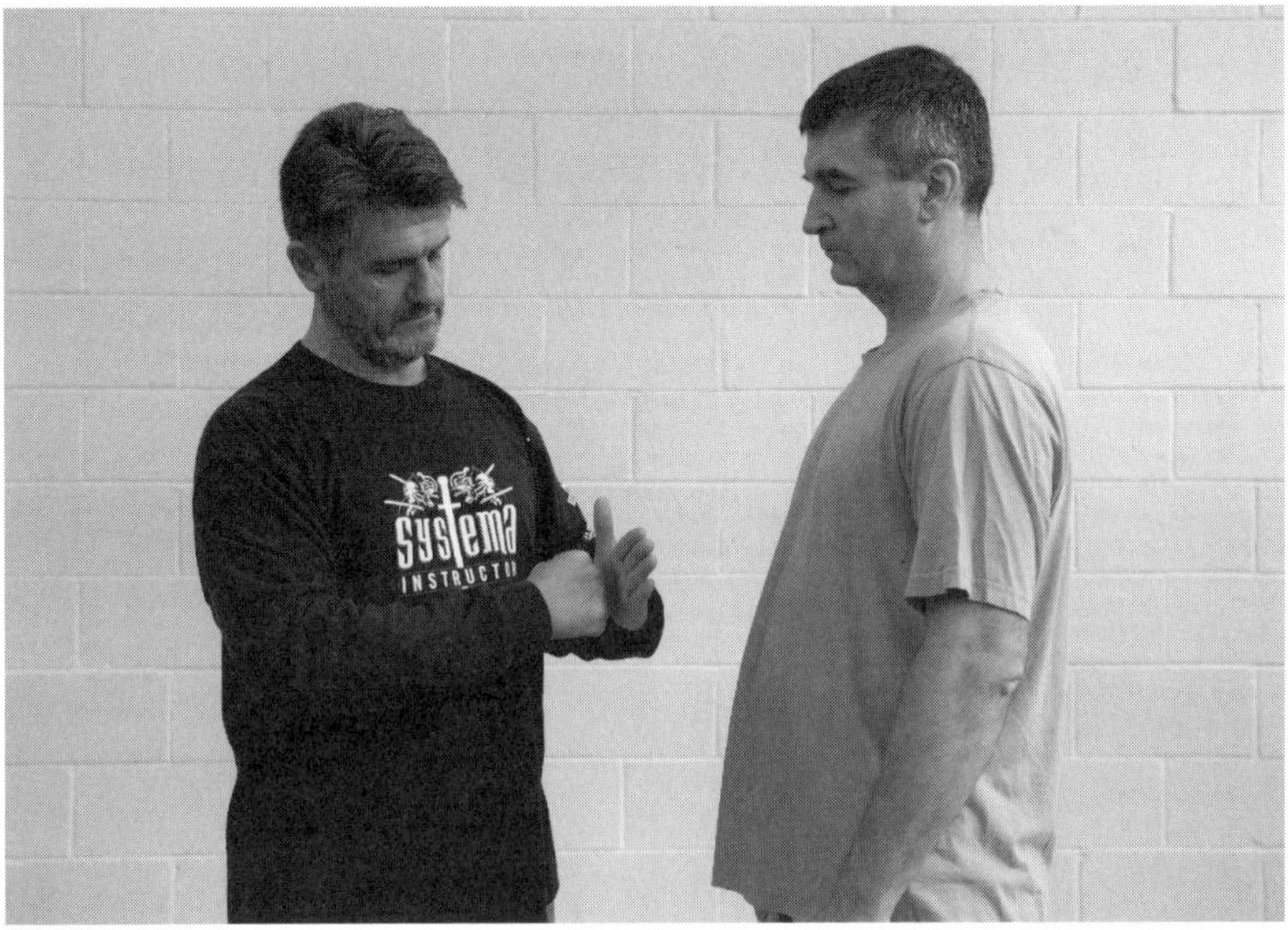

拳の表面フラットな部分全体で打つ。

パンチは相手を破壊するために打つのではない。常に注意しながら打つ。前章で述べたが、ターゲットエリアは三つある。皮膚、筋肉、内臓だ。この概念を覚えていると、パンチの強度をコントロールすることを忘れない。ターゲットによって強弱を決める。相手に苦痛が見えたら、軽く平手打ちをして相手が回復するのを待つ。相手のムードに影響を及ぼすこともできる。相手が興奮状態なら、下方向にパンチしてエネルギーを地上に向けムードを沈める。疲れや弱っているのが見えたら、軽いパンチを上方向に打ち相手の気分を上げる。

強いパンチを打つと、相手は呼吸やストレッチをして回復しようと後ろへ下がる。相手がその後すぐに元の位置に戻って来ないなら、回復に時間がかかっている証拠なのでしばらく待とう。相手の準備が完全に整うまで、けしかけてはならない。常に相手が回復するのを待つのだ。

システマの生徒がストライカーとしてレシーバーと一緒に練習する時は、ストライカーとしての責任を理解し、受け入れる必要がある。ストライカーとしての責任については、巻末の付録を参照。

スポーツジムで練習する時も、どこに過度な緊張があるかと自分を絶えずチェックすると良い。ファイトでは、相手が見えないパンチを打つのが良い。また自分の緊張を相手に気づかせないようにするのも大事だ。だから真っすぐリラックスして立つ。立って心地良く、常に心地良くがモットーだ。自分の意図を隠しつつ、相手の視野を奪う。打つ時は拳だけをターゲットに当てる。肩全体をターゲットにぶつけないようにする。

ストライカーとしてリラックスしていると、レシーバーもリラックスする。時折、レシーバーがストライクを受ける準備がきちんと整っていない場合がある。つまり自己防衛のための適度な緊張がない場合だ。またストライカーはリラックスしていると深く強いパンチを放ちがちで、ストライクの強さが自分で認識できなくなることがある。自分にとっては普通のパンチでもレシーバーにとってはかなり強力なパンチとなり、倒れるかもしれない。自分のストライクに常に注意する。

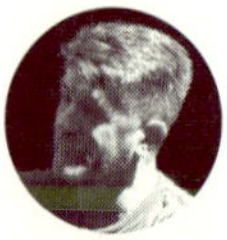

かつて知人からアンフェアなことをされたことがあった。さほど大きな問題ではなかったが、しばらくそれは私の記憶に残っていた。ある時、その相手との練習で無意識にショックを与えてしまった。過去の怒りが彼との対決で表面化したのだろう。彼に肉体的傷を負わせるには至らなかったが、私のパンチで精神的にダメージを受けてしまった。パンチの記憶は体の中に残る。肉体的衝撃からは呼吸で回復できる。だが心理的衝

撃は体に残るのだ。知人にパンチを打った時に彼が酷く傷ついたのが分かった。即、彼からパンチの衝撃を取り払い、元の状態にしようと試みた。しばらく歩かせるなど30分ほど努力して、やっと元の状態に戻ったのである。

■自由な動き — スティックワーク

第5章「ツール」で紹介した拳コンディショニングワークの目的は、空手などとは違って単なる拳の強化ではないことを思い出そう。拳プログラムの真の目的は、ファイトで体全体の動きやリアクションの邪魔になる体内の余計な緊張に気づくことである。不思議なことだが、身構えたり拳を使ったりすると無駄な緊張が生じるファイターが多い。障害物なしのフリーな体であることを確かめるために、短い棒などを使ってこれまでとは違った練習をするのも面白い。1メートルから1メートル半位の長さの棒を使おう。

棒を持って歩き回るのだが、その目的は棒が自分の意図するアクションの邪魔をしないことである。これはファイト中の自分の腕の位置と直接関係する。どうアクションを取ったらいいのか分からない時、腕が行動の邪魔をしていることがある。腕を上げるとすぐに体の動きが止まってしまう。あるいは慣れている動きとは別の動きを始める。自分が動いていても止まっていても、また棒を回転したり動かしたりしても、握っている棒はその動きを邪魔してはならない。

スティックワークは四つのステージを段階的に進む。

最初はただ前へ、後ろへ、横へ両手に棒を持ったまま歩く。スポーツジムや屋外など、オープンスペースで練習するのが良い。胸、肩、首などに緊張が無いことを確かめながら歩く。両手で棒を回転させ、ジムの周りをどこにも触れずに歩いてみよう。いろいろなパターンで

オープンスペースのスティックワーク。

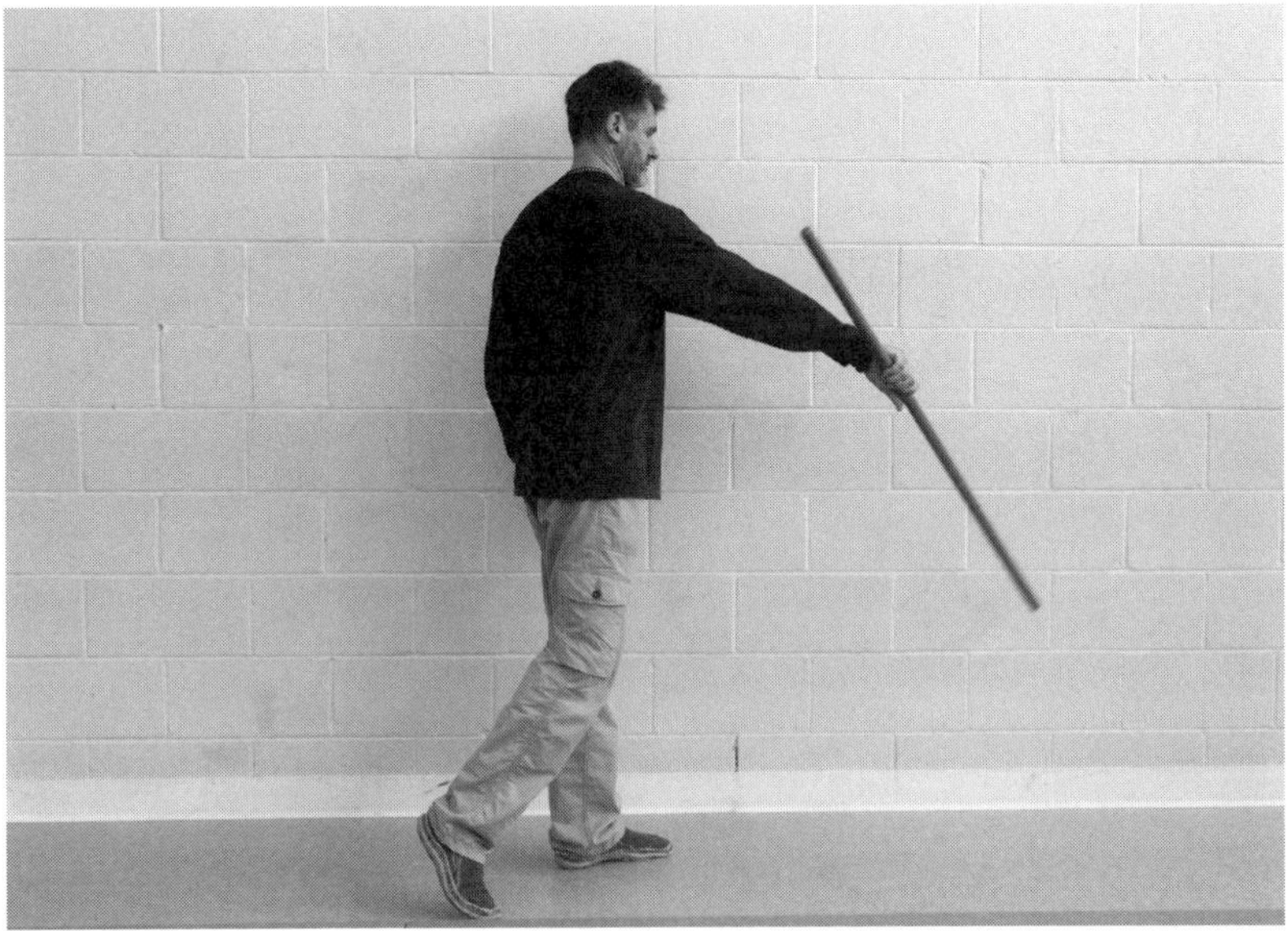

壁際のスティックワーク。

棒を回転させながら歩き続ける。

次に棒を持ちながら壁際を歩く。ジムか自宅の周り、あるいはフェンスに沿って歩くとしよう。自分の片側にバリアを作り、前進、後退、横方向へと歩く。再び緊張度をチェックし、棒が自分の行動を邪魔していないかも確認する。棒は最初両手で持ち、次に片手に換える。柔らかく握り、その後で動かす。

　そして自分の中の緊張を観察し、棒が動きを妨げていないか確認する。

　三番目は狭いスペースを、棒を手に歩く。廊下や板が敷き詰められた床などを、あるいは障害物のあるところを歩く。この練習は二、三人の相手と敵対する場面に役立つ。向かい来る集団の波をかき分けて歩きながら同時に打つことを想定してみる。特別な戦術なしに複数の相手と戦う術を習得するのが目的だ。動き続け、複数の仕事を一度にこなす練習だ。

　四番目は、前述の全てを速いスピー

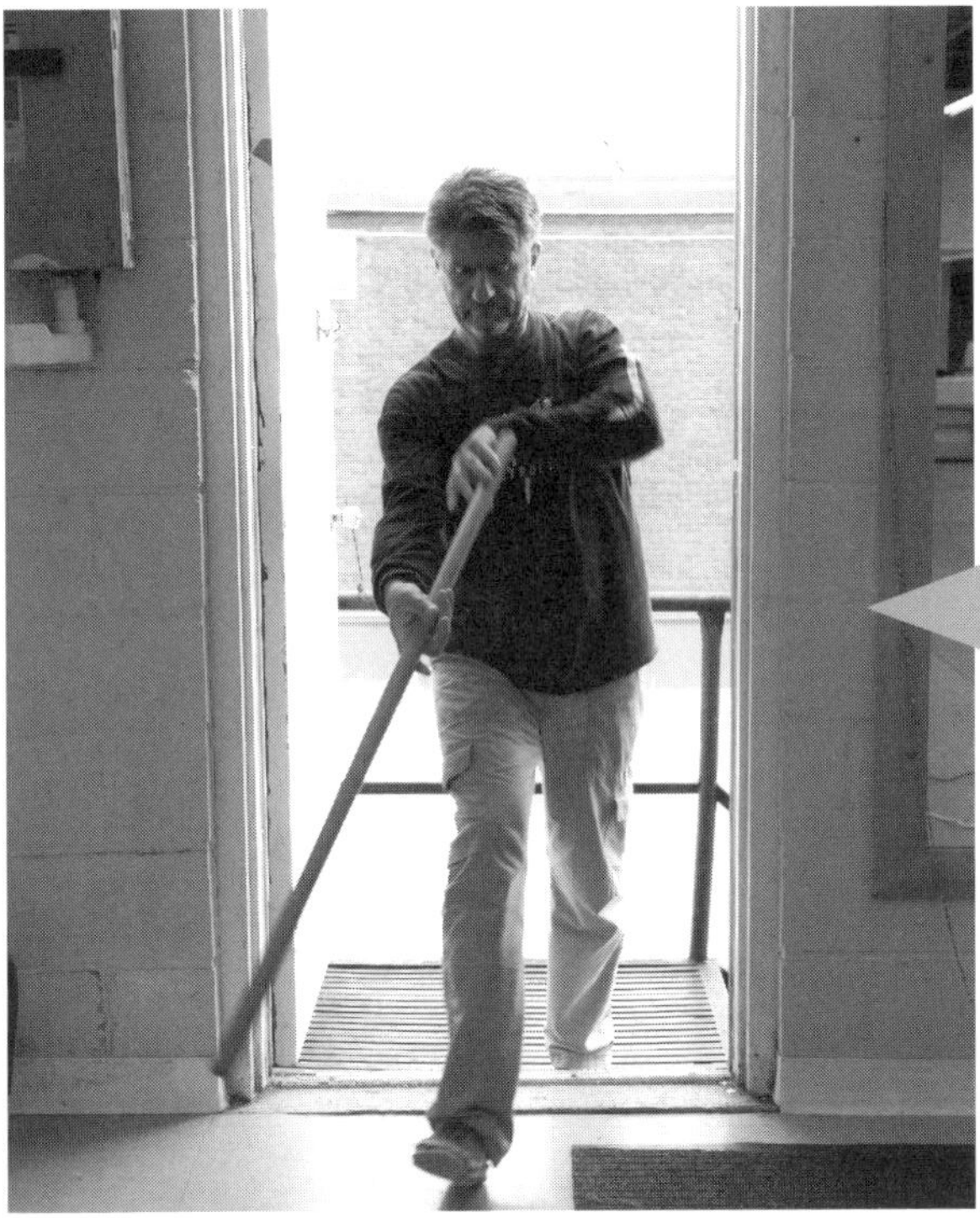
狭いスペースのスティックワーク。

ドで行う。オープンスペース、壁際、狭いスペースを速い速度で行う。一度体が慣れると、緊張をコントロールしやすくなる。

全て練習した後で、バリエーションを考えてトライするのも良い。

可能ならリビングルームを歩いてみる。障害物を避け、棒を動かしながら歩く。決して止まらず、棒で周りの物や自分の体を触れずに歩き続ける。棒をどこにも当てずに、出入り口を止まらずに通り抜ける。こうすることで、関節の可動性とリラックスした力の両方を確認し高められるのだ。次に棒を片手で持ち動かしてみる。その時、全身を動かす。棒だけが動いていると、脆弱でパワーが出ない。パワーはリラックスした全身から生まれる。システマでは必要であれば身体のパーツを個々に鍛えるが、リラックスした全身を使った練習もある。難しいのは、棒と体をそれぞれに異なる軌道上で動かし続けることだ。呼吸は一

定のリズムで、姿勢を良く保つ。

ヴラディミアは、棒をロシアの騎馬兵が使うサーベルの動きと切り込みの原則に関連させている。ロシアの騎馬兵のサーベルの使い方は、第3章「基本概念」で説明した。

棒はこの場合、刀である。刀は伸ばして切り込む。自分はその後も動き続ける。自分を切りつけたくないからだ。自分を常にオープンにして自由に動く。動きはビューッと迅速にパワフルに。切りつけたら、刀を上に振りかざしたまま止まってはならない。かなり重い。しかし複数の相手と戦っているのだ。常に準備ができていなければならない。切りつけながら動き続ける。力を入れるのは切りつける瞬間だけである。

■プッシュの一般的概念

SETのドリルの多くは、パンチよりもプッシュを取り入れている。特にプッシュで始めて、後にパンチに移るのが自然だ。過度の心理的興奮を避けてドリルの基礎を学ぶには、マイルドなプッシュの方が適している。次のセクションで取り上げるドリルは、プッシュを使うものが多い。ここでヴラディミアに全般を通して考慮すべき点を説明してもらおう。

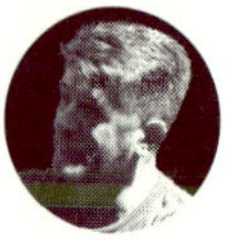

距離感、相手への接触の仕方が理解できたら、次はプッシュのトレーニングへと移る。プッシュはパンチと違い威圧感がないので、心理的にも肉体的にも大きな利点がある。リラックス効果も与える。体の奥深くまで静かにプッシュするので、基本的にマッサージの一種だ。ただ、ダメージを与えることはないが、パンチと似たようなネガティブな感情を植え付けることがある。

それによって学ぶことは多いだろう。例えば、顔へのプッシュは実践的で有益なトレーニング要素である。プッシュを取り入れた訓練をしていないなら、正確な距離感と緻密性は得られない。

最も基本的なシステマのエクササイズでは、練習相手に自分の前に立ってもらい、相手の体のあちこちをプッシュして体内の緊張を探し出すことだ。心理的な要素を引き出すので有益な訓練である。大概、私達は無意識に接触を嫌い、恐怖心さえ抱く。誰かにプッシュされると緊張し、相手に対する嫌悪感が生じる。短い呼吸と動きを通して、そういったネガティブな心理的リアクションをコントロールし打ち克とう。

正しいプッシュの訓練は次の通りだ。

プッシュされたら、自分の体のどの部分がロックしてしまうかを確かめる。肩が大きくいかり、腰から肩まで全てが一つの塊となってしまうか。人によっては体がとても硬く、肩をプッシュされただけで肩と一緒に脚までも動き出してしまうほどだ。最初はプッシュだけで相手の体全体が動いてしまうかどうかを確かめる。手始めに、肩などの外側の関節をプッシュする。胸へのプッシュは避ける。肩、腰、背中、首、頭、腿、膝などを狙う。初めは相手の体全体が大きく動くだろうが、相手側は後に、肩、胸、膝などがそれぞれに分離していることを実感するように努める。

効果的なプッシュの訓練には、グラップリングのシナリオが良い。

相手に自分の上に横たわらせ、相手を遠ざけようとプッシュする。相手に「上に乗ったら力を入れてくれ」と頼む。力が

入ると、通常と異なる現象が起こるのだ。相手が自身の緊張で固まってしまうかもしれない。また相手の緊張が自分に向かうと、恐怖から自分がロックしてしまうこともある。相手が自分の上でリラックスしていると状況は全く変わる。相手の緊張を感じたら、「お！　相手は緊張しているな。俺にパンチを打つつもりだな」と考えられる。そうしたら相手をプッシュしてできるだけ遠ざける。

上にいる相手は少し抵抗し始める。プッシュやパンチから自分を守ろうとする。そうしたらパンチではなくプッシュで相手を遠ざける。それ以上の攻撃はしない。パンチは全身を使うことが多い。だから全身を使わずにプッシュするのだ。相手が肩を掴んでいると特に、床に横たわっている場合はプッシュが効かない。そういう時は動いて自分の体を緩める。そうするとカウンターアタック、エスケープ、相手の体の完全支配などの色々な可能性が見えてくる。

ある意味、ショートパンチを上達させるためにプッシュするのだ。また相手の体の一部をプッシュして相手の体を動かすことも学べる。次のパンチを完璧に打つために、相手をどのようにプッシュして動かしたら良いかを考える。レスリングのようになるだろう。相手をロックし、即パンチを打つ。相手を動けなくすることもできる。相手の頭を一方から押さえて、拳で一発パンチする。それで全てが終わる。こういった可能性を引き出していくのだ。リラックスしていると、より多くの選択肢が見えてくる。色々なスキルが必要になるが、全てはプッシュから始まるのだ。

また、立って行うシンプルなプッシュワークから洞察力が深まる。

肩をあまり動かさない。何かに挟まれて動けなくなっても、動かせる部位を探して動かしてみる。また相手をプッシュす

ると、どこかに傷を負っているのかが分かるかもしれない。そしてこちらのプッシュは、怪我を負った時の練習の仕方を相手に教えることになる。膝を怪我していたらその方向へは動かない。

相手があばら骨を折った経験があるとしよう。私がプッシュを開始する。相手のあばら骨付近にモーションをかけ痛がっているのが分かったら、そこへのプレッシャーを外し、相手が別の方向へ動けるようにプッシュする。怪我が悪化しないようにする。そしてプッシュを再開する。動きによって相手を少しずつ癒していく。そう、これは治療の一種である。相手の関節をプッシュし、その部分が大丈夫かどうかを見極める。相手の腕を回転させて肩の状況も見てみる。それがオーケーなら、私が掴んでいる相手の腕にプレッシャーをかけて、相手の肩にもそのプレッシャーを届ける。それがオーケーなら、次は相手の腰や膝をテストしてみる。これらのプレッシャーテストは、私の手の近いところにある相手の腕を操ることで成し得る。腕を掴んだり回転させたり、肘を押したりしながら、私は相手の体全体、足から首まで全ての箇所をチェックできるのだ。

時々相手を、圧をかけて押してみる。相手は動いたり逃げたりすることはできるが、関節が音を立てたり、関節のぎこちない動きがあるかもしれない。それはその時に起きた現象ではなく、過去に負った傷や記憶が蘇るせいだろう。何度も相手をプッシュすることで、相手には怪我部分へプレッシャーを受けるのを避けて動く訓練となる。そうでないと、常に傷を守ろうとそこへ緊張が走るのだ。

システマが掲げる大きな目標の一つは健康だ。健康と武術は一緒である。治療方法と必要であればダメージを与える方法の両方を学ぶのだ。

プッシュトレーニングについてはまだまだ言及の余地があるが、ここでヴラディミアが常に強調している長く続く大きな見返りについて考えてみたい。それはストライクのトレーニング時、比較的マイルドなプッシュの訓練に焦点を当てることで得られると彼は言う。

プッシュの訓練で正確な距離感が得られたら、パンチはパワフルになり、的も絞れるようになる。プッシュの訓練をきちんとこなせたら、その見返りとしてパワフルなパンチが自分の物になるだろう。そうなったら自分の構える位置も簡単に完璧に見つけられ、相手を打ちのめすことなど朝飯前となる。

■SETの三つの軌道

単に「打つ」だけでは駄目だ。「相手に焦点を当てて」打つ。駄目だ。自分を気にし過ぎだ。もう一度。私を打ってみろ。駄目だ。私のことがあまりにも「好き」なのか。もう一度。良くなった。次は「中」だ。

パンチの軌道はある観点に立って考えると三つだけだと言える。「真っすぐ」「上」「下」。これらは標準的なSETの枠内の限定された方法で練習できる。別の観点から見ると、三つとは馬鹿馬鹿しい。ファイトでは軌道は無限だとなる。ヴラディミアとスパーリングの経験があれば分かる。第1章「システマ「ストライク」への3W1H（What, Who, Why, How）」でも言及したが、彼はまるで電子のようだ。どこからでも相手に近づける。容赦なく動き続けるビデオゲームのキャラクターのようだ。

トレーニングでは、次の基本的な考えを基に練習するのが良い。これら全てが理解できると、色々なバリエーションがスムーズに試せる。

◎真っすぐな軌道

ボクシングでいう真っすぐではない。システマでの真っすぐな軌道とは、体の中央線へのパンチを意味す

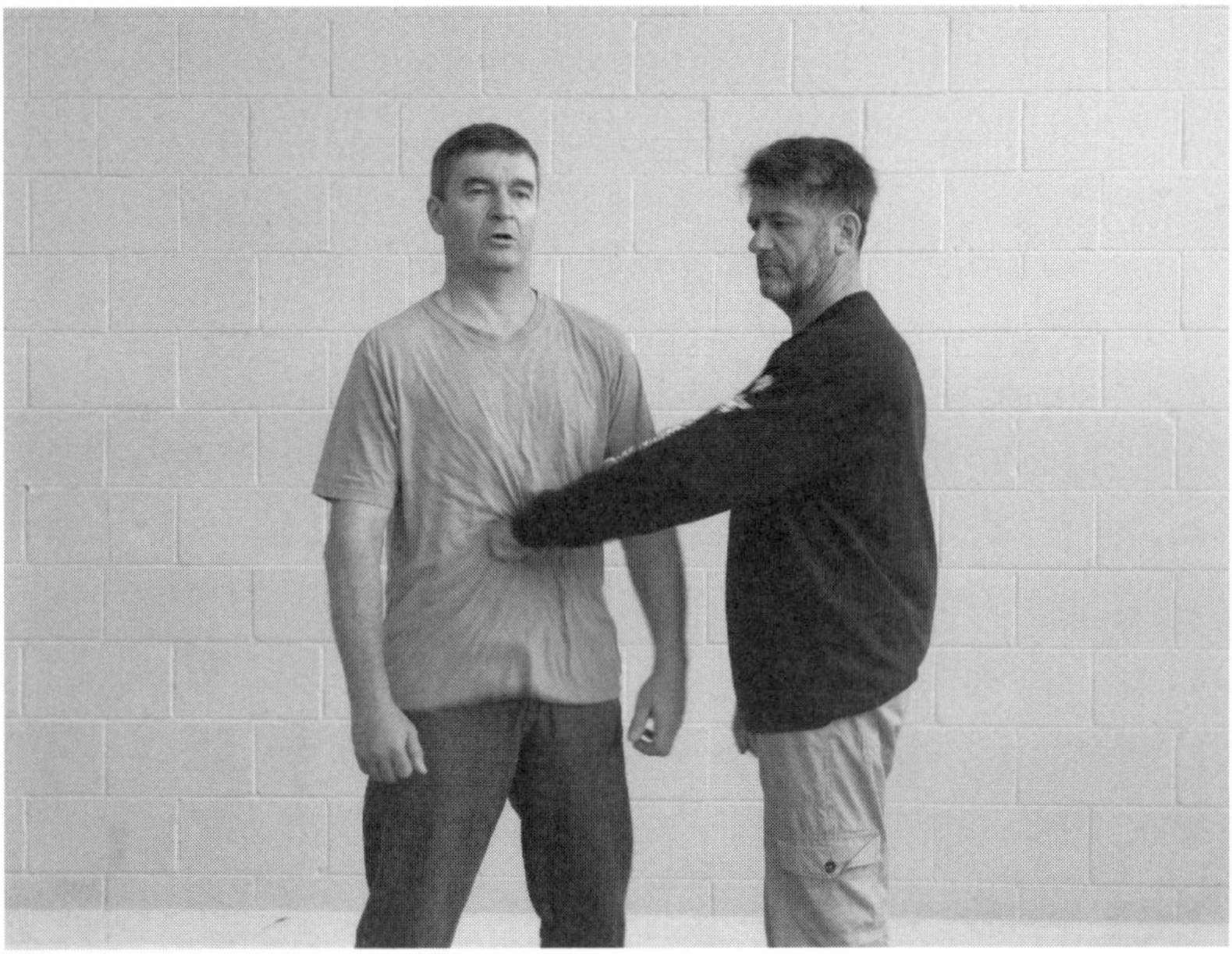

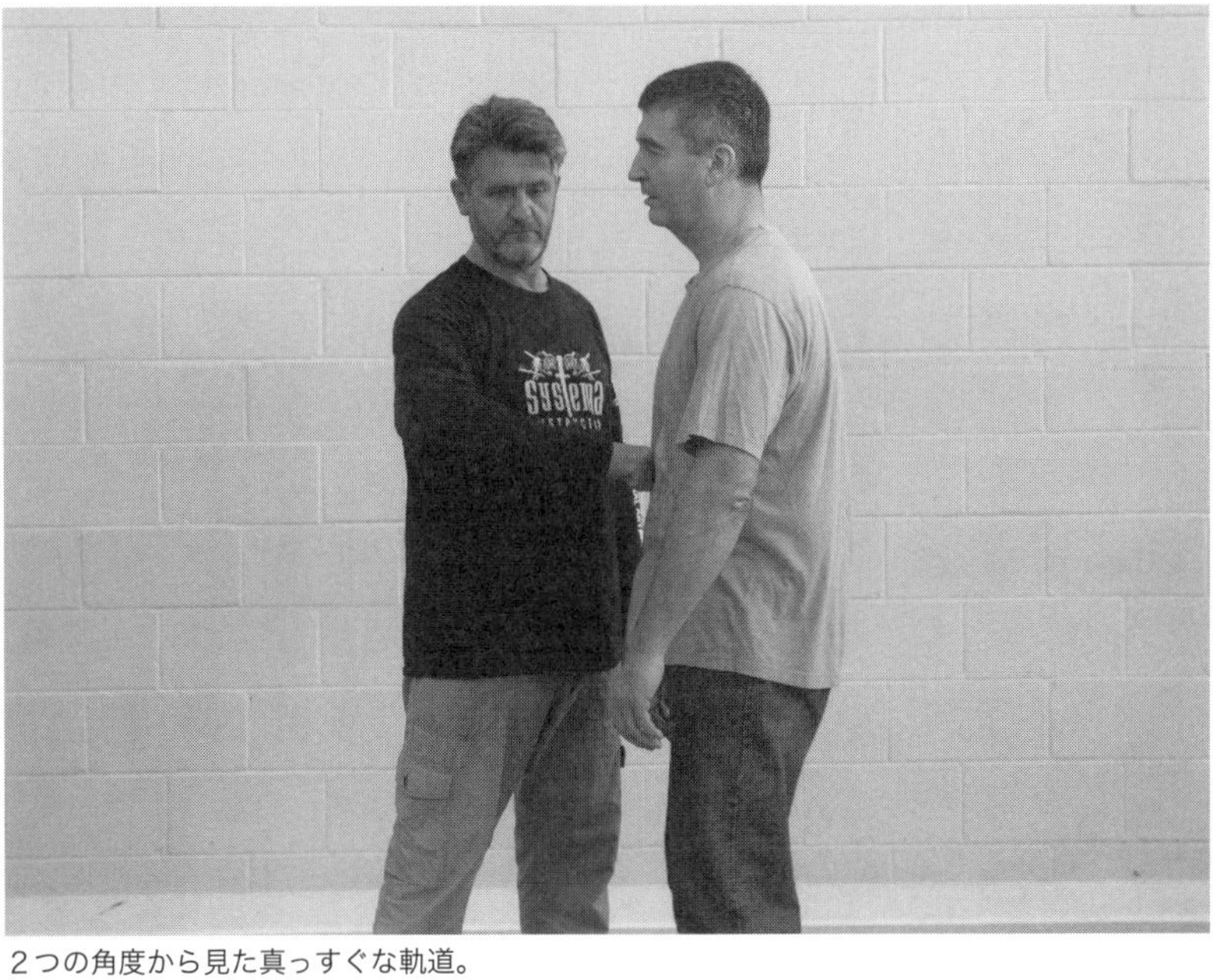

2つの角度から見た真っすぐな軌道。

上方向への軌道。

る。上方向、下方向へのエネルギーを生成しないパンチだ。ミカエルがストライカーとしてレシーバーに対して斜めに立ち、相手の体の中心線へ短いフックのパンチを打って大きな効果を出すことがよくある。それがここでの「真っすぐな」軌道である。斜め方向からのショートフックはエネルギーのリバウンドも避けられる。この練習は自分の体と手の配置を学ぶのにとても有効だ。しかし斜めに構えるだけが必ずしも「真っすぐな」パンチを打つ立ち位置ではない。ヴラディミアはレシーバーの正面に立ち、自分の体の中央線からパンチを放つことがよくある。エネルギーのラインは相手の体の上下に分散されないので、これもシステマでは真っすぐなパンチである。また跳ね返りを避けるのは、厳密に相手に対する自分自身の立ち位置に関係するように見える。しかし体全体のリラックス度、正しい拳の形、緊張の加減にも大いに関連する。

下方向への軌道。レシーバーが脚をリラックスしていないと床に倒れる。

◎上方向への軌道

相手を打ち始める時、相手の肩に力みがあるかどうかを観察する。力みが見られたら、相手の体の上方向にパンチを打つ。そうするとエネルギーは肩の方へ上って行く。相手はリラックスし始め、肩を動かしてプレッシャーを取り除くだろう。相手の体の上方向にパンチを打つと、相手が緊張している場合、相手は腕を上に投げ出す。そうでなければ怪我をする。

◎下方向への軌道

相手が自己防衛に必要な緊張を持続させているか、また軽く早いタイミングで息を吐いているかを確認したら、脚も確認する。脚に余計な力が入っているなら、相手の体の下方向にパンチを打って余計な力みを取る手助けをする。相手の体の下方向へパンチを打つと、脚が自動的にリラックスし始める。そうでないと倒れてしまう。

パンチを打つ時は、常にその方向と目的を理解しておく。パンチを打つと、そのリアクションがある方向に生じる。前述した目的とその効果を狙って、相手の体の上方向、下方向へ打つ。あるいは真っすぐに打って、相手の体を回転させてみる。パンチは常に相手を倒すために打つのではない。集団攻撃を受けたら、誰かを打ってその相手のポジションを変えて自分を守りやすくする。相手を打って大声をあげさせるのも良い。感情的なリアクションを引き出して、通りがかりの人や他の相手の注意を引いて自分を優位に立たせるのだ。

第8章

ラボタ（ドリルセット）

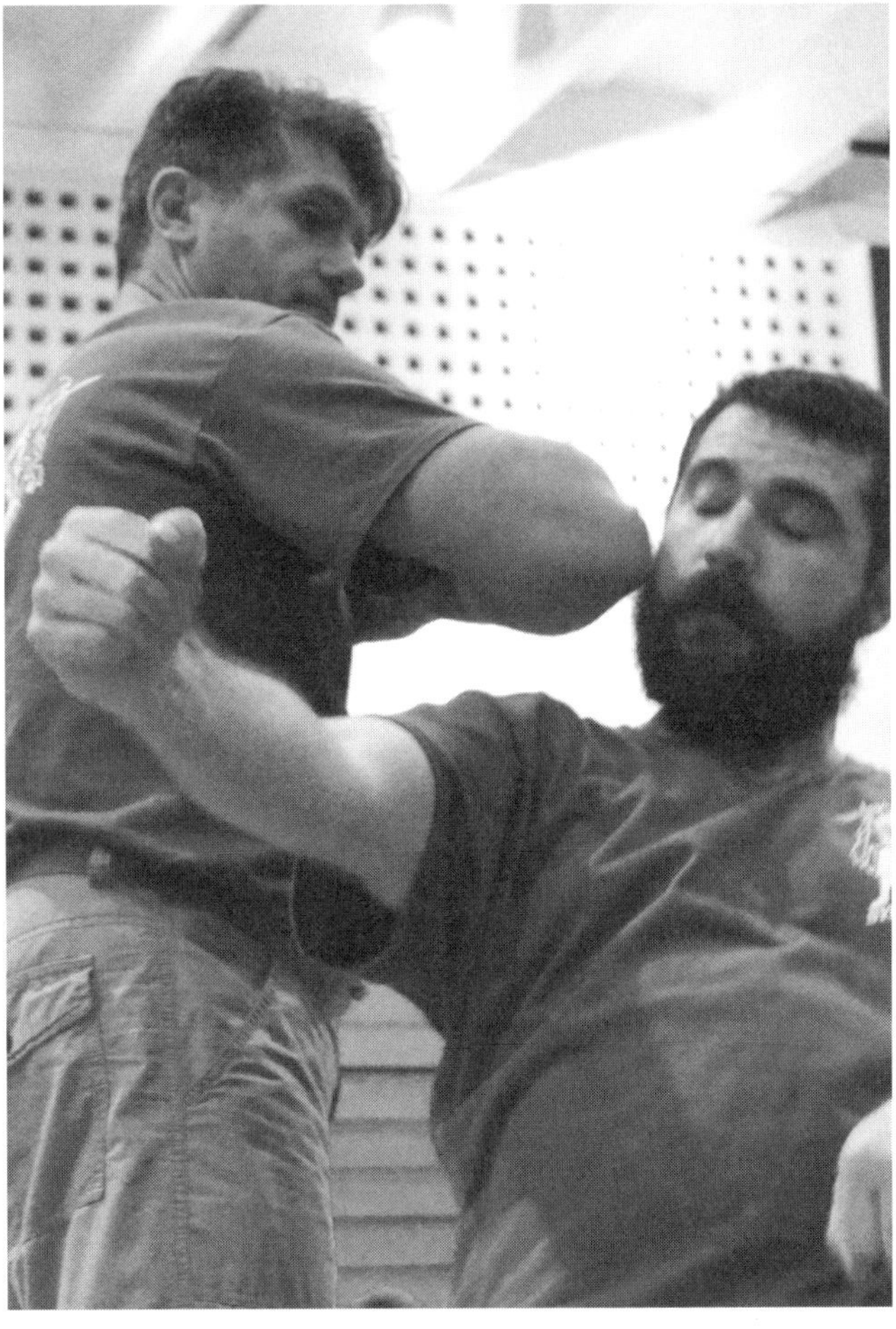

ラボタ（Rabóta）とは、ロシアのコーチやインストラクターなどがよく使う言葉で、「取り組む」という意味だ。

ここで紹介するドリルでは、システマ方式でストライクを打ったりストライクに対処したりする方法を学ぶ。テーマがサブセクション毎に設けられており、そこではいくつかの関連し合うドリルが紹介される。各ドリルは役割によって構えや動きが決められているが、その中身を十分に確かめた上で習得すべきものは何かを考えよう。身体的事象だけでなく、各ドリルの精神まで見極めてみよう。「本質」のセクションでは各ドリルの原理を分析する。理解がより深まるだろう。

■ラボタ①「ファイト時の呼吸法」

ここではストライクの衝撃に呼吸で対処するという、一般的概念の実践方法をいくつか紹介する。これら一連のドリルを通して、相手と衝突した時の呼吸法、相手から衝撃を受けた時の呼吸法、そして衝撃から回復するための呼吸法を習得できる。

ドリルセットの最初は、第2章の「ユニバーサル・ブレスワーク」で紹介した段階式呼吸法の上級編だと言える。ストライクの衝撃から回復するためのブレスワークを動きと合わせて集中的に行う。これらのドリルは全て、第7章「ストライクのトレーニング」で提示される一般的概念を支えるものである。

◎段階式呼吸法　レベル2

概要

第2章「ユニバーサル・ブレスワーク」で紹介した段階式呼吸法をパートナーと練習する。

構造

〈床の上で〉

（a）レシーバーは床に仰向けになり、息を吐き始める。段階式呼吸法は、こまめに切りながら肺の息が無くなるまで吐くという方法だったことを思い出そう。レシーバーが段階式に息を吐き始めたら、すぐストライカーはレシーバーの腹部を拳で押し始める。他の部位も可能だが、初期段階では腹部が正確な段階式呼気を助長する。レシーバーはストライカーが拳で押してくるタイミングに合わせ、息を吐き切る。これを5回繰り返す。このプロセスはレシーバーがコントロールする。ストライカーは相手の動きに同調するだけだ。

（b）次、ストライカーがイニシアチブを取り、拳でプッシュを5回行う。レシーバーは先ほどと同様に段階式に息を吐く。ストライカーがコントロールするのでレシーバーはそのタイミングが計れず、難易度が少し高くなる。

レシーバーは床に仰向け状態なので、ストライクから逃げることができない。従ってドリル中に受けるストライクの感覚が深くなる。

〈壁際で〉

レシーバーは壁を背にして立つ。ストライカーは先ほどと同様に拳でレシーバーの体を押し、レシーバーは押してくる力に合わせて息を吐く。レシーバーが息を吸う時、ストライカーは拳を離す。そして再び押してレシーバーに息を吐かせる。

ストライカーはレシーバーのどの部分を押しても良い。腹部から開始し、胸、首、肩、頭、腕、脚などへとプッシュする場所を変えてみよう。レシーバーは壁を背にしているので、簡単にプッシュを避けることができない。きちんと息を吐くことを余儀なくされるのだ。

次にレシーバーは壁に向かって立つ。ストライカーは先ほどと同じ圧力の拳で押す。レシーバーは吸気と呼気を一定のリズムで続ける。レシーバーは壁に真っすぐに自分自身を密着させて立っても良いし、角度をずらして立っても良い。

本質

レシーバーとして練習する時、体に何かが触れるのを感じたら、すぐに息を吐く。呼吸は動きよりも重要だ。パンチが飛んでくるのが見えないと呼吸がきちんとできず、パンチの威力を無効にできない。危険な状態に陥ってしまう。ストライカーとして練習する時は相手に圧力を掛けながら相手の動きを観察し続け、同時に自分自身も観察する。相手だけに焦点を当てず、自分の緊張度、呼吸、拳の位置などに気を配る。

どんなに強い人でも、ストライクを受けてハッとする時がある。気づかなかったのかもしれない。呼吸と動きを通してパンチの影響を失くす訓練をしなければならない。動くことでパンチの方向を変えたりパンチから逃げたりできる。ただ動きを可能にさせるのは呼吸なので、呼吸が一番の基礎的要素だ。呼吸をせずに動くこともできるが、そうすると恐怖心が徐々に大きくなる。水中で泳ぐ場合を考えよう。泳げても空気が吸えないと恐怖心が徐々に膨らんでいくだろう。

◎衝撃時の呼吸法

概要

恐怖に対して起こるリアクションには、二通り考えられる。

一つは、固まってしまい動きが限定される。これはサバイバルに致命的である。もう一つは、自己防衛的動きである。例えば、腕を前に出す、後ずさりする、体を回転させる、パンチを返すなどである。これらの動きは連続性に欠け、止まったり固まったりしてしまうのであまり効果的ではない。

こういったリアクションに陥らないように、システマでは衝撃を受けた時に息を吸うか吐くかして対処する。

構造

〈ドリル1〉

ストライカーはレシーバーに何度かパンチを軽く打つ。レシーバーはパンチを受けると同時に息を吐く。これでレシーバーに肉体的及び心理的ストレスや損傷の有無が確認できる。ドリルは息を吐いて始めるのが良いだろう。

〈ドリル2〉

ストライカーはレシーバーの背中に手を当てながら、レシーバーの体前面にパンチを打つ。レシーバーは前後から押しつぶされる感覚を覚えるだろう。その感覚が起こる度に息を吐くようにする。そうすると息が自由に流れだす。またレシーバーはパンチとパンチの間に鼻から息を吸い、体を真っすぐにする。

〈ドリル3〉

肺の上部だけを使って、短くシャープに息を吐く。筋緊張を瞬間的に動かすことになるので、ストライクを受けるための最高の準備となる。

〈ドリル4〉

ストライカーはレシーバーのみぞおちにパンチを軽く打つ。レシーバーは自ら回復を試みる。ファイト中、衝撃を受けた時に自ら回復する力を養うことは大切だ。呼吸、ストレッチ、プッシュアップなどを試みて完全に回復する。レシーバーはトレーニングの終わりで不快感が残らないように調整しなければならない。

〈ドリル5〉

パンチを受けたら、体をねじるか回転させる。これは呼気と吸気の両方で練習しよう。体の柔軟性と弾力性を養うのに良い方法である。

〈ドリル6〉

パンチを受けたら、片脚を上げる。体をリラックスさせて床から数センチほど上げる。片方ずつ両脚で練習しよう。体の左側にストライクを受けたら左脚を上げ、右側に受けたら右脚を上げる。

前述のドリル全てを、息を吸いながら行う。

本質

衝撃を受けた時に呼吸を使って回復するには、構え、相手との距離、心理的要因など、第7章「ストライクのトレーニング」で説明したヴラディミアの教え全要素を理解しなければならない。きちんと復習しよう。

■ラボタ② 「足から拳へのリラクゼーション」

概要

ここで紹介するドリルはとても基本的なものだ。全身をリラックスさせることで、猛烈にアクティブでパワフルな拳が生まれるという重要な要素を取り上げる。ストライカーとレシーバーとで行うが、それぞれの役割の定義が面白い。拳を前に出してパンチするのがレシーバーである。ストライカーはそれに対し、強い平手打ちを出す。レシーバーの緊張を確認し除去する手助けをするのだ。

構造

レシーバーは真っすぐに前を向いて立ち、拳を前に出してパンチを打つ。拳はできるだけ硬くして全身でパンチを打つ。全身が力む。ストライカーはレシーバーのパンチを平手打ちで対処する。パンチのパワーをレシーバーの体へ水平に戻し、彼をリラックスさせるのだ。レシーバーは体と腕をコチコチにさせ、パンチ打ちを開始する。

何度かパンチを打つ間に、レシーバーの体は徐々に緩まる。そこでレシーバーは足から脚、胴体へと上方向に体をリラックスさせていき、最後はパンチを打つ腕を緩める。一方、ストライカーはレシーバーの腕が完全に緩むまで平手打ちを続ける。

相手とストライクし合う練習に備えて、足と脚をリラックスさせておくことも大切だ。一方、ストライカーはレシーバーの拳をピシャリと平手で叩く時、ストライカー自身の緊張が首、背中、肩などにあるかどうかも確かめる。

レシーバーは徐々に自分自身をリラックスさせていく。最初は脚、背骨、そして腕。最後に腕が可能な限り緩んだ後、過度に手首を緩めないように気をつけよう。パンチの練習では、手首は真っすぐに硬く保っていなければならない。

レシーバーは片方の拳を前に出してドリルを開始す

レシーバー（左）がコチコチの体と腕に平手打ちの力を受ける。

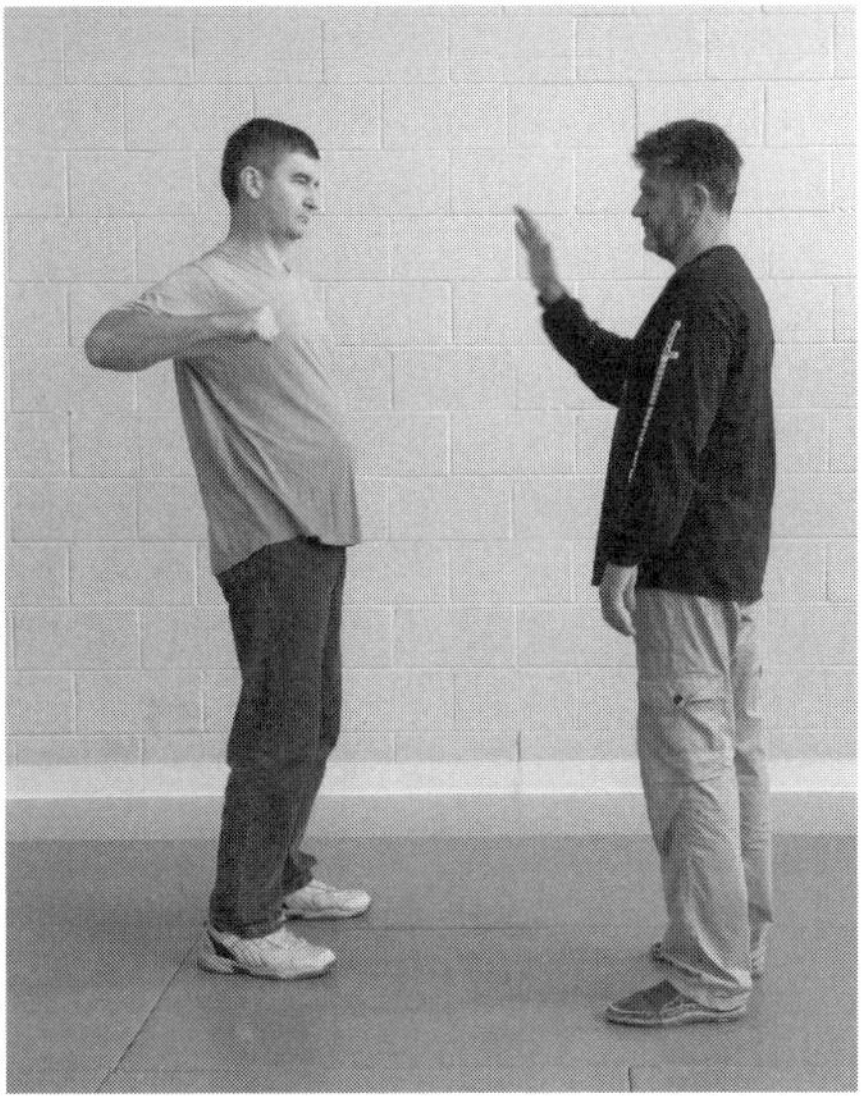
レシーバーの全身にパンチの腕も含めリラクゼーションが行き渡った。故に彼の腕はストライカーからの衝撃に際し、簡単に後方へ押し返される。

るが、後に両方の拳で練習しても良い。その時は両腕の向きを色々に変えて、拳を上、下、横向きにしてみる。時々役割を交代する。

本質

レシーバーは自分の体と腕がどんどんリラックスしていくのを感じて驚くだろう。しかしパワーは体に保持され、後に誰かにパンチを打つ時にそのパワーが生きる。

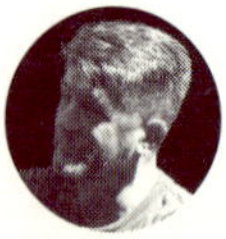

最初は力んで臨む。そして徐々にリラックスしていく。脚からリラックスし、腰、肩へと緩ませる。パンチを打つ腕は真っすぐに伸ばす。あまりリラックスし過ぎると、体全体のユニット感を失ってしまう。リラックスはしても、打つ拳の重さはある程度保つ。ストライクを打つ腕と体全体がリラックスしていると、相手に最初のパンチをブロックされたとしても、ブロックを躱して即スピーディで強力なパンチを何度も相手に打

ストライカーに平手打ちを受ける時、手首が曲がるまでリラックスし過ぎない。

最終的にレシーバーは両手の拳を色々な方向に向ける。

つことができるのだ。

このドリルでは足から始まり、脚、腰、背中、肩、そして肘へと徐々に筋肉が緩んでいく。最後に肘と前腕が緩むが、真っすぐに伸びた手首には影響は及ばせないのだ。

■ラボタ③「リラクゼーションを相手に伝達する」

概要

ほとんどの人はパンチを打つ時、肩に力が入る。このドリルでは、無意識に生じる肩への力みと相手の緊張を直接体験する。

構造

パートナーと向かい合い、腕の長さより若干短い距離を取って立ち、互いの掌を合わせる。そしてドリル開始。両者が互いをプッシュし合う。どちらが強いか、遠くへ押しやれるか比べよう。

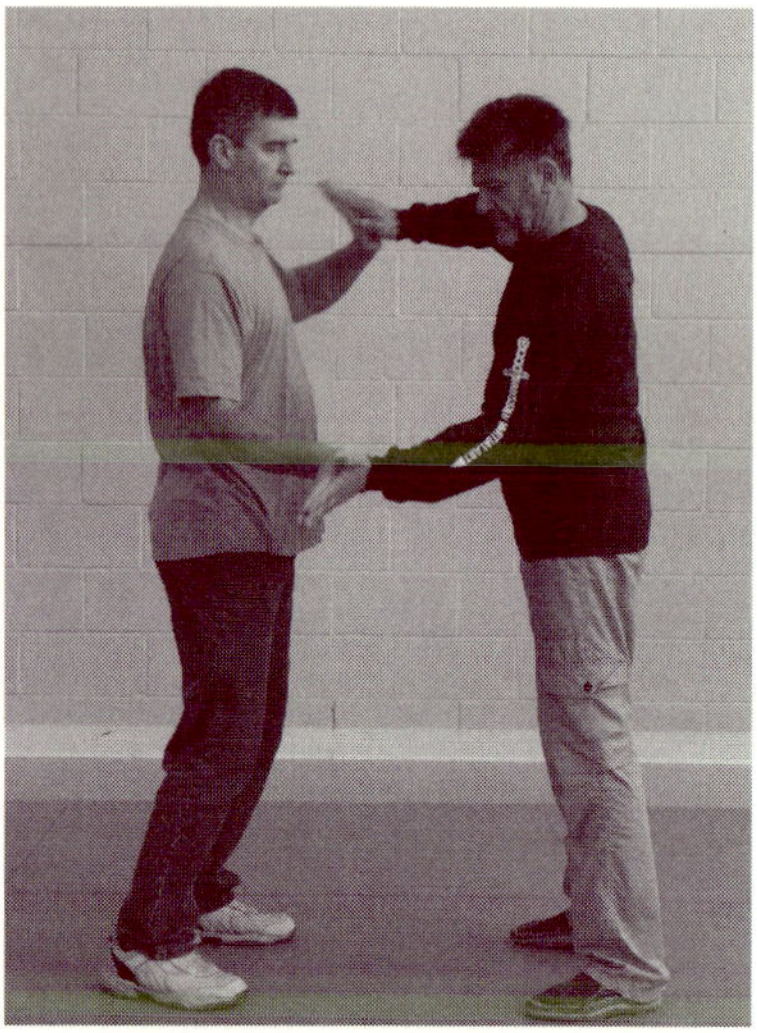

色々な角度から相手をプッシュしてバランスを崩したり、動けなくさせたりする。

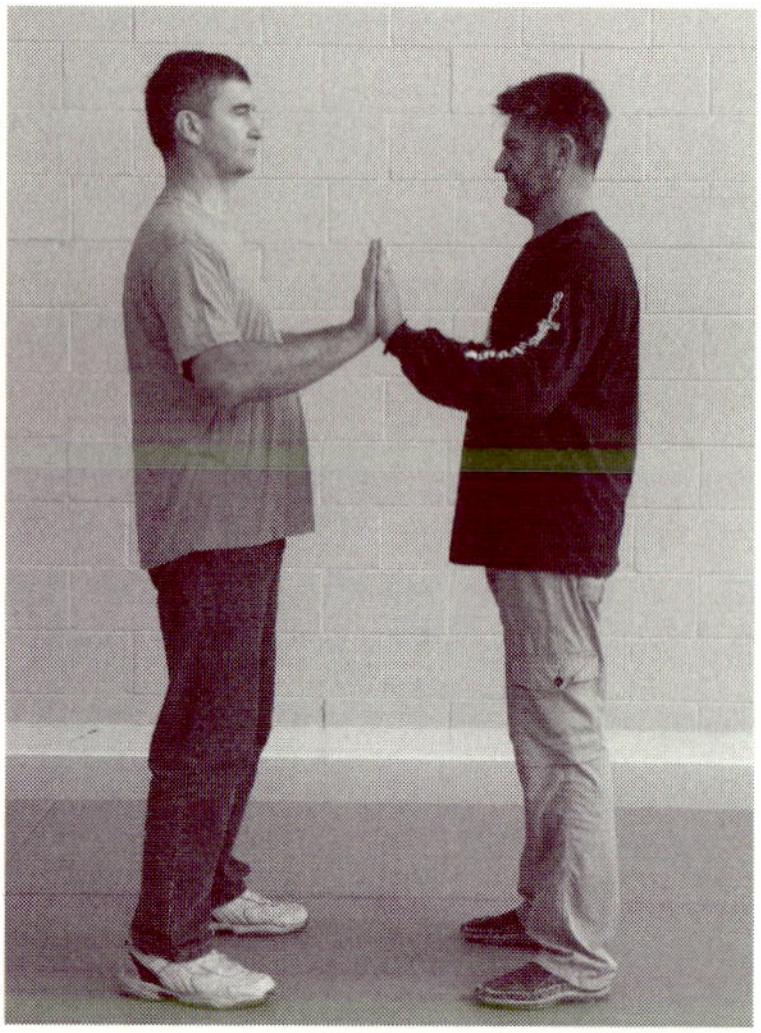

このドリルの基本的構え。一人が相手を後方へプッシュする。押された相手はリラックスすることで、その攻撃を無効にできる。

このドリルの利点は、肩が緩みだすと全身が緩んでいくことだ。体が温まり、調子が整う。さらに心理面も適切に働いて自身を修正し始める。力だけで抵抗することができないので、自分を安定させるための別の方法を探し出そうとする。最初は互いにレスリングをしているような感覚をもつだろうが、徐々にリラックスできるようになり、最後は体内にわずかに残っている緊張部分も見つけられるようになるのだ。

練習相手と適切な距離を取って向かい合うのが重要である。距離を取り過ぎると相手のバランスを崩すことができない。パンチが打てる距離を保つ。ストライクを打つのに必要な距離感を体得するためには、心理的要素も必要だ。最初に腕を大きく動かしてしまうとしたら、手に極度の緊張が走っている証拠だ。プッシュする時はリラックスする。肩に力が入っていると相手をプッシュできない。

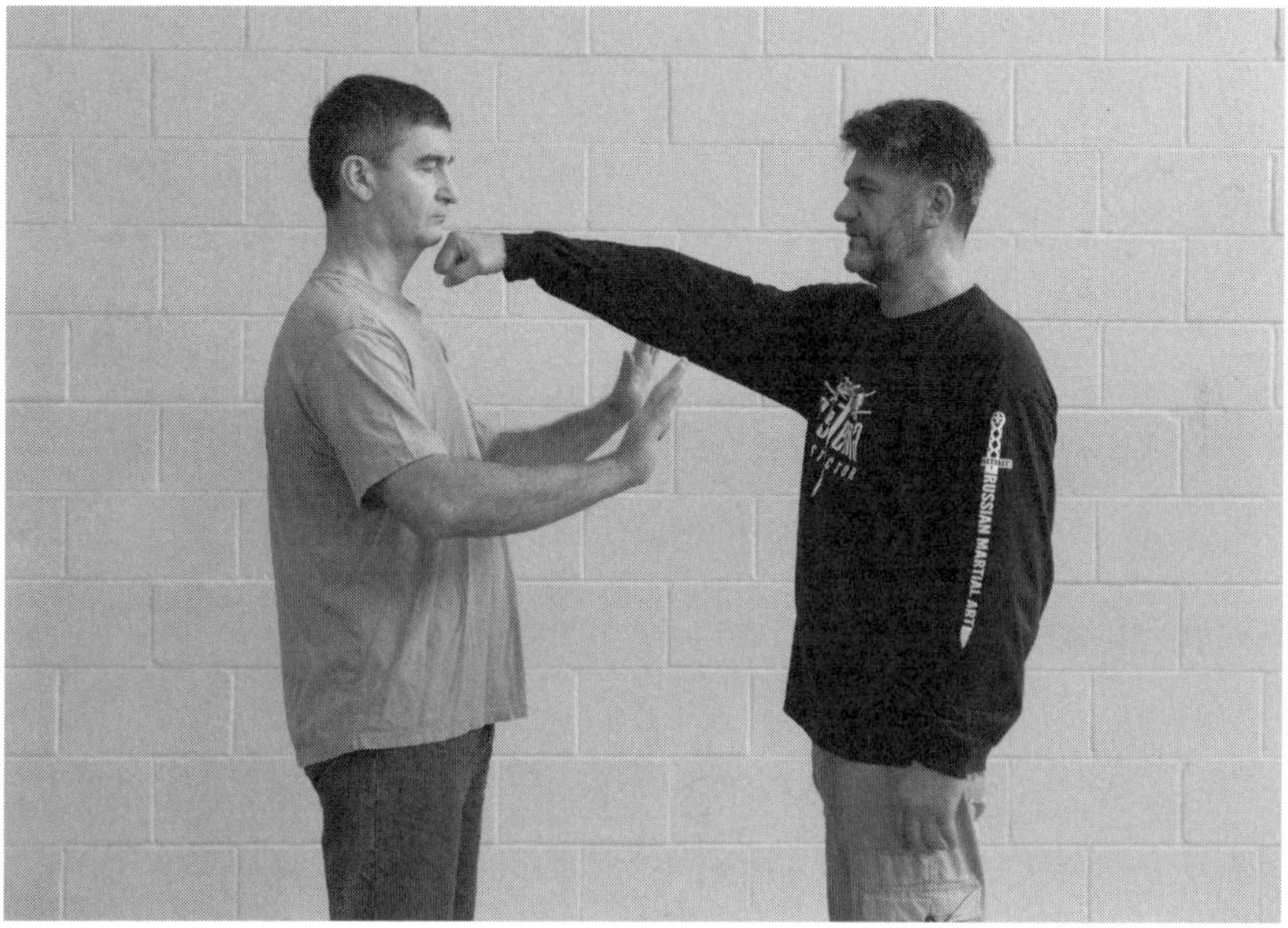

パンチが届く距離を保つ。

このドリルでは、肩をリラックスさせることと適切な距離感を学ぶ。プッシュやレスポンスの時、体を前後に動かすのは良くない。相手との距離を見る。遠すぎず近すぎず。腕の長さ、またはパンチが届く距離が良い。

手段がもう何もない、相手に押されてしまうと行き詰まったら、まずリラックスして自分のリラックス状態を相手に伝達する。リラックスしているとリーチが短くて済む。大きく腕を動かす必要はない。

こちらのリラクゼーションが相手に十分伝わると、力関係が逆になる。そうなると相手を簡単に押すことができるのだ。

本質

練習相手にロックされたと想定しよう。相手を押すことはできない。腕を後ろに回され、不自然な姿勢を余儀なくされている。その場合は無理に手を外そうとせずに体を緩

リラックスして、自分のリラックス状態を相手に伝達し始める。

相手に自分の手首を後方（自分の体の方）に曲げられると、行き詰まってしまう。

め、全身のリラックス状態を自分の手へと伝達するのだ。

これはスローなプッシュアップと同じ原理である。床近くまで体を下げると、上がってこられない場合がある。しかしリラックスして体をクネクネ動かし始めると、徐々に上がってこられる。手、腕、肩の各部位の血行が良くなり、上がってこられるのだ。緊張で体が固まってしまうと、血液が重要部分に流れない。リラックスすることで血液循環が促され、体中が血液で均等に満たされる。その血流の圧力によって、自分の体を引き上げることができるのだ。パンチにも同じことがいえる。パンチが相手の急所に当たると、相手の頭部で血圧が上昇し、倒れてしまう。

このドリルでは、練習相手に真剣に挑む。相手をできるだけ遠くにプッシュしてみよう。

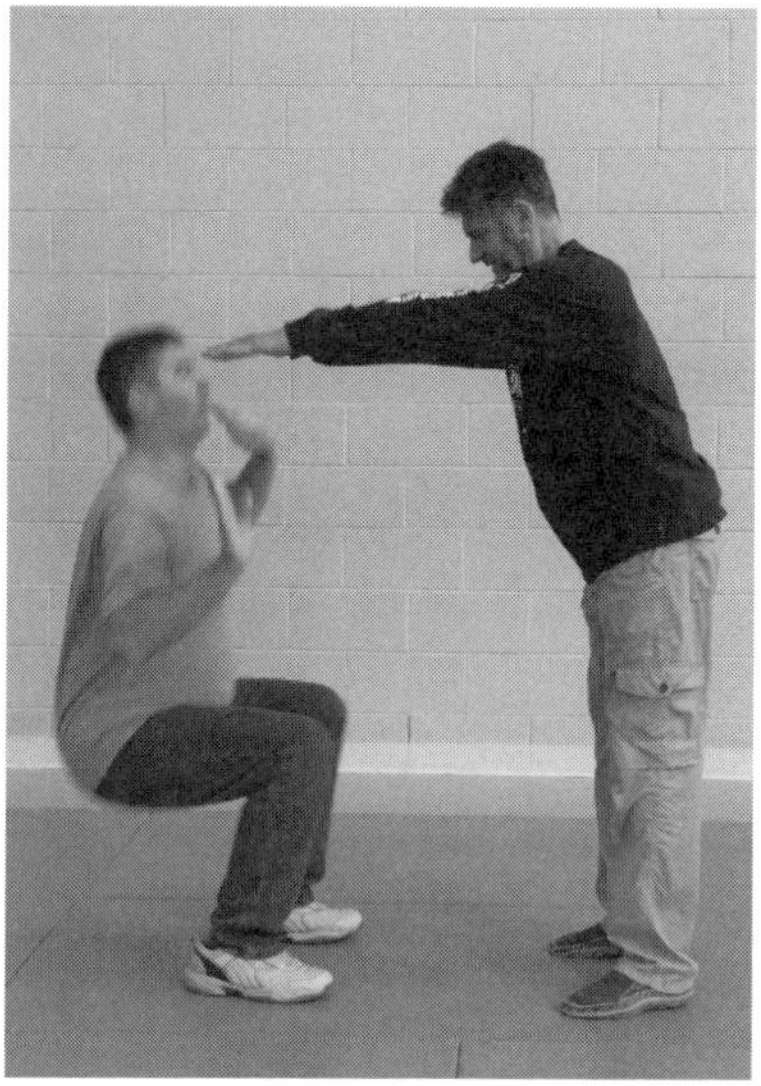
相手にリラックス状態が伝わり、相手はバランスを崩す。

リラックス状態を保ち、相手にそれを引き続き伝達する。

これはショートストライクの練習だ。相手にロックされると動けなくなる。その時がショートストライクを試す時だ。自分の体で緩んでいるところを見つけ、その緩みを両手（ショートストライクの場合は拳）に「伝達する」という同じ原理を使う。どんなポジションからでも相手をプッシュできるように創造力を働かせよう。

このドリルの目的は、相手の緊張を壊すことだ。真剣に精力的に取り組もう。人は背中と背骨に過剰な緊張を抱えている。相手を無理矢理動かしプッシュすることで、相手の緊張を破壊することができるのだ。プッシュの練習を通して両者の背中と背骨が緩み、より健康になる。

仮に私が相手を猛烈にプッシュし、相手の手首を背後でロックしたとしよう。ほとんどの人はお手上げだと感じるだろう。だが全身を緩め続けることで、自然と私にパンチが打てる体勢につけるのだ。

■ラボタ④「ストライクの力を調整する」

概要

表面的にパンチの深さには三通りあるといえる。皮膚、筋肉、内臓だ。これは第6章「ターゲット」でも取り上げた。ストライクを体の奥深いところに打つには、標準的なＳＥＴの構造を基に練習に一工夫入れる。だが、「パンチの三つの軌道（真っすぐ、上、下）」でも説明したように、三通りの深さがあるという理解の仕方も間違いだと気づく。ファイトではストライクの深さは無限だ。ヴラディミアとスパーリングの経験があれば分かる。私達の頭はシンプルさを求める。世の中の事象がシンプルにきちんと組織化され、きれいに分類されることを好む。だが体はそうではないと感じている。ヴラディミアと練習した後は特にそう思う。

現実はどうであれ、練習ではパンチの三つの軌道同様に、次の三種類のパンチを練習すると良い。皮膚へのパンチ、筋肉へのパンチ、内臓へのパンチ。これらを十分に理解できると、色々な深さのストライクを自然に打てるようになるだろう。

構造

このドリルの構造は至ってシンプルだ。ストライカーがレシーバーをパンチする。このドリルでは、数センチの距離から放つショートパワーがどのように発展するかに焦点を当てる。パンチの浸透する深さを変えながら打つ。最初は皮膚。次は筋肉まで。最後が内臓である。

皮膚をターゲットにする時、ストライカーはドラムスティックで叩くように速く軽くパンチする。もう少し深いターゲットに当てる時、ストライカーはレシーバーの体の表面から少し奥に「拳を作る感覚」で打つ。最後、さらに深いところにパンチする時は、パンチを浸透させた後で第二の衝撃を追加する。

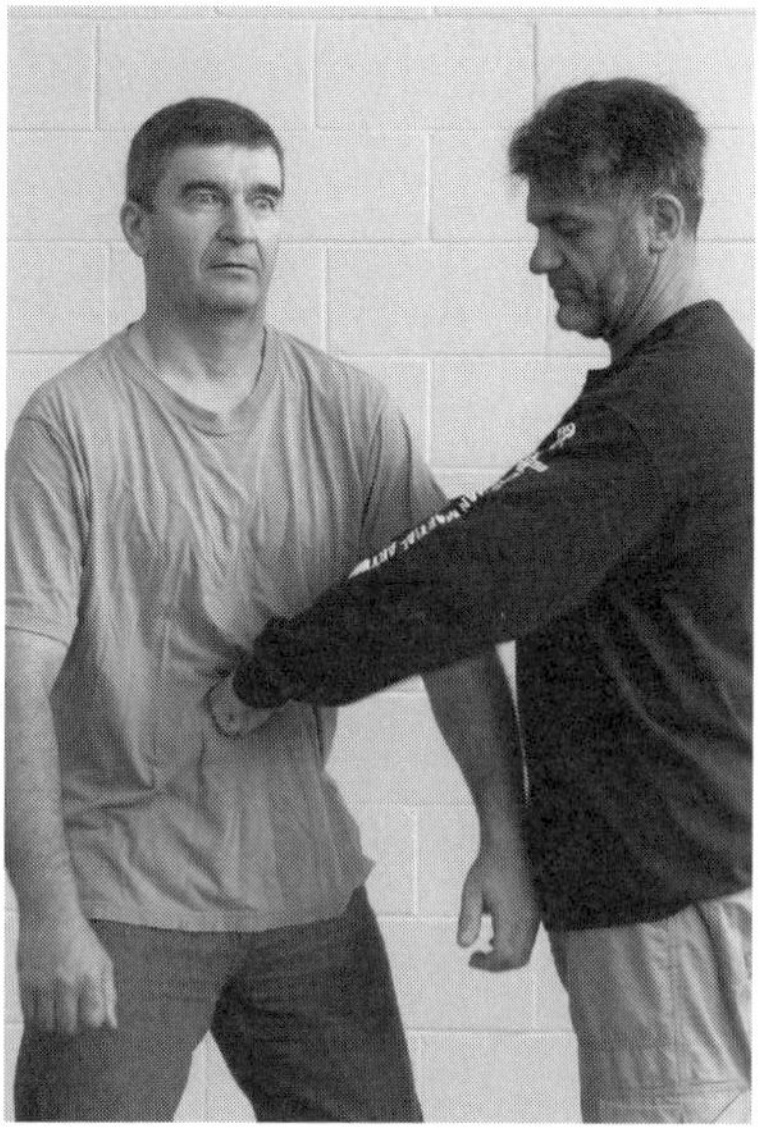

皮膚より深い層にパンチを打つ。

軽いストライクで皮膚を叩く。

本質

〈表面へのパンチ〉

皮膚を打つ時は、ドラムスティックでドラムを叩くように。

〈より深いパンチ〉

次のレベルでは皮膚を「通り抜ける」パンチを打つ。拳からターゲットまでの距離は短い。腹部全体ではなく、打つべき筋肉を「見る」。最初は拳を重くして打つ。皮膚を打つ要領だが、実際にはその奥を打つ。感覚を確かめてみよう。肩などに過度な力を入れない。そうなったら拳だけで打つように修正する。力を入れるのは最後の1秒である。皮膚を打つ時、拳は相手の体表面で作る。もう少し深い場所に打つ時は、相手の体表面奥に少し入り込んで拳を作る。相手の体に爆発物を置く感じだ。

最初は真っすぐに打つ。下に向けて打つと、レシーバーの脚が緊張して倒れてしまう。

ショートストライクは、全身を使って打とうとすると効果がない。距離があまりにも短すぎるのだ。短いスパンで打って、パンチのエネルギーが相手の体内に浸透するようにする。拳を体表面奥で作る。相手が息を吐いて体内に浸透してくるエネルギーを除去しなければ、ストライクはどんどん相手の体奥に入り込む。ドラムを叩く感じで打つ皮膚へのパンチに対して、筋肉へのパンチはさらに深い。

レシーバーは最初痛みを感じるが、それを受け入れ、徐々にパンチの影響を取り去る方法を学ぶ。常に自分自身で確かめよう。

このドリルはストライカーとレシーバーの両者にとって有益である。強く打つ必要はない。相手が息を吐いてコントロールできる程度に打つだけで良い。

〈最も深いパンチ〉

さらに深くパンチを打つ方法は幾通りもある。一つは、拳のパワーと重さを使って自然に相手の体の奥まで届かせる方法だ。

もう一つは、最初の動きに新たな衝撃を加える方法である。

ストライカーは拳、肘、腕を使う。パンチは大きく長くなる。これまでは小さく短い動きで相手を打ったが、ここでは打

このストライクは相手の一番深い層まで届く。

つだけではなく、付加がある。拳で相手にコンタクトした後、肘のパワーで拳を奥に入れる。レシーバーが緊張していると、2回の衝撃（最初に拳、次に肘と腕）でエネルギーが頭に流れだす。これが拳、次に肘と腕を使うダブル浸透だ。強いパンチを打たずとも、より大きな影響を与えることが可能だ。

◎深く浸透する後継の肘パワーに対する準備

概要

ストライカーは実際にパンチを打たずに、拳ストライクの後に続く肘パワー（第二の衝撃）を練習する。

構造

練習相手に自分の側面に立ってもらい、自分の手首を両手で掴ませる。まず手首を地面と水平内側に曲げる。次に肘を自分の外側を弧を描くように大きく回して、拳を体の内側に持ってくる。腕の動きに合わせて全身も簡単に動く。

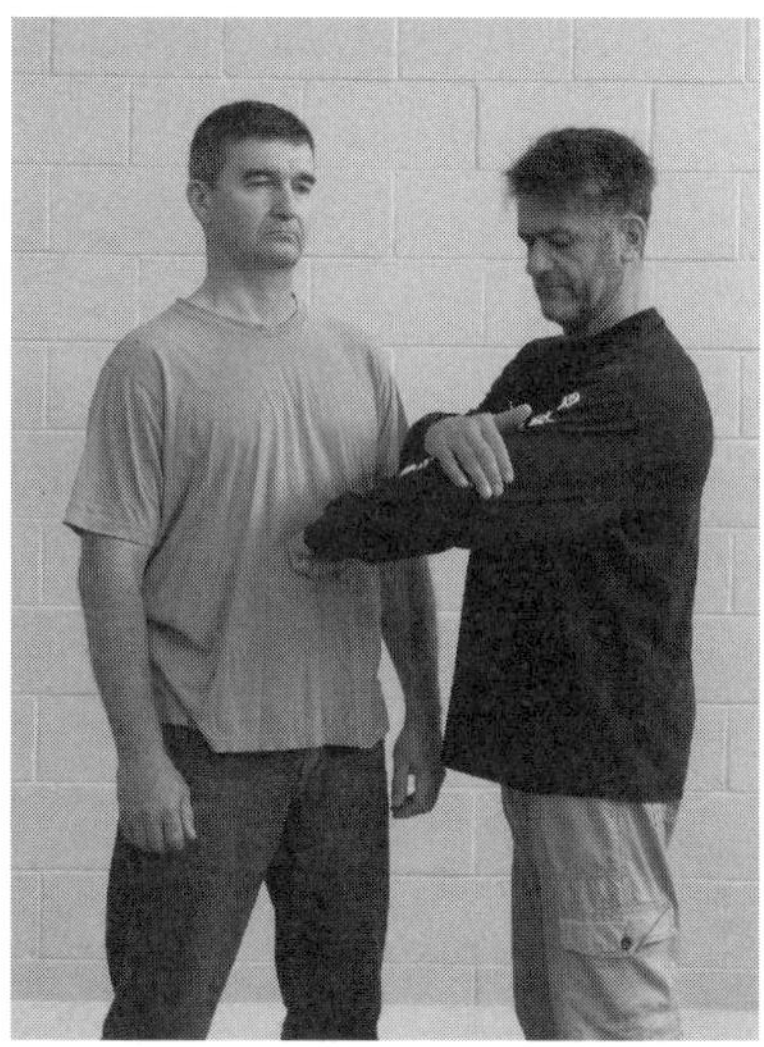

第二の衝撃を与える前の最初のストライク。「肘が最初のストライクの軌道に乗って拳の後を追う」とヴラディミアが指示している。

後に続く肘からのパワーで、より深い衝撃を与える。

拳だけを使ってショートストライクを打つのが難しい場合、選択肢が一つある。ここで重要なのは、手首を前後に手招きするように曲げず真っすぐに保つことだ。そうしないと手首を折ってしまう危険がある。これまではショートスパンのストライクで表面的に打っていた。ここではそれに一つ追加して打つ。パンチを打った後で、肘を使ってさらに押し入れる。例えれば、パンチがタンクの中に入った後、中で薬包が爆破する

後継の肘押し — 最初のステップ。

後継の肘押し — 拳を手首で水平に曲げる。

という具合だ。肩を使ってはならない。余計な緊張が生じてしまう。この肘押しは、速いパンチの感覚で押しやると良い。打つ時は拳だけをターゲットに当てる。肩全体を使って当てない。

拳は水平に曲げる。手招きするように上下に曲げないことに注意しよう。

本質

一連の写真から、アクションの深さとその衝撃の強さが視覚的に理解できると思う。だが後継の肘押しによる効果増強はさらに奥深い。シンプルにアクションを取りつつ理解を深めていくうちに、最初のストライクと肘押しによる強化を上手く融合することができる。

ストライクを打つために手を準備するということは、物を書く際に手をコントロールすることに似ているとミカエルは教える。書いたり打ったりするには手をリラックスさせる。手首をすぐに締め付けない。ペンを持つ手は常にリラックスしている。物を書く時に初めて指に力を入れるだけだ。腕がリラックスしているとよく動け、パンチが簡単に打てる。腕の動きに体全体が影響を受けてはならない。

後継の肘押し — 相手のバランスを崩し続ける。

後継の肘押しの方法が理解できたら、最初のストライクの動きを調節しながら、肘押しをさらに効果的にする工夫をしよう。筋肉がずっと緊張していると手や腕を誤った方法で捻ってしまい、動きがストップしてしまう。それは障害である。衝撃を強化させるには、拳を近くに持ってきて最後の瞬間に回転させると良い。最初に拳を縦に作り、相手へのコンタクトの直前に拳を横向きにして衝撃を与える。

前腕を回転すると実に効果的である。レシーバーに

後継の肘押し — 外側に弧を描くように肘を回して、拳を内側に持ってくる。

後継の肘押し — ショートスパンの動きは力強い。

拳を近づけていくと、ある時点でスムーズな動きが取れなくなる。緊張のせいでそうなるのだが、拳が動かなくなる直前に拳の向きを変えると克服できる。そうするとストライクがスムーズに最後まで伸びて行く。緊張が起こりそうな時点で体を動かし緊張を阻止できると、ストライクがさらに強力になる。

スムーズに動けなくなりそうになったら、腕を捻ると動きの範囲が広がる。こちらが正しく動けていると感じるとレシーバーは居心地が悪くなり、自分のストライクは短く正確になる。

練習として、相手に軽くて速いストライクを100回くらい打ってみよう。片手ずつ全身を使ってストライクを出す。役割交代をして続けよう。ストライカーは相手の体に手を置き、捻り、プッシュする。強い力を入れなくても大きな衝撃を与えることができると気づくはずだ。

最初は練習相手にパンチを打たず、拳でプッシュするだけが良い。拳が相手の体にピタッとつく感覚を覚える。これは相手にとっても、自身のストライクのウォームアップになるので有益である。腰は動かさない。この練習で全身を使う必要はどこにもない。

■ラボタ⑤「見えないストライク」

概要

見えないストライクは大きなトピックだ。ここでは二つの基本的な考え方である「態度」と「形」に焦点を置こう。

「態度」とは、ストライカーがレシーバー（実際に打たれる人）に対して取るアプローチの仕方である。ストライカーの緊張や怒りがレシーバーに少しでも分かると、レシーバーに「攻撃・逃避」反応が生じる。どちらの反応もストライカーの行動を阻止する。

拳は見た目より近くに、またパワーもある。

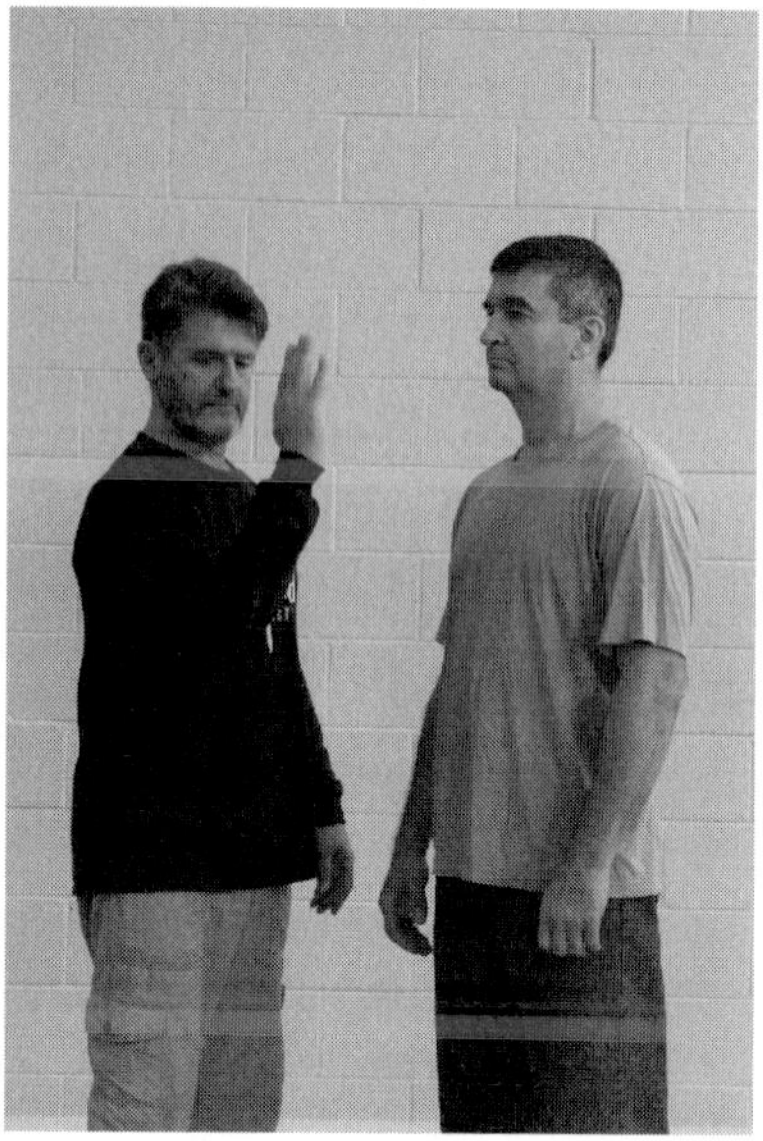

相手に脅威を与えずに開始。

「形」とは、ストライカーが取る腕の位置と準備を意味する。肘をソフトに動かしてストライクを打つ体勢を作ることが、ホームストレッチ（相手にとって侵入されると不快に感じ、リアクションやディフェンスを取るゾーン）の距離を縮める鍵となる。

構造

レシーバーに腕が見えないように上げるにはどうしたら良いか。ストライクを打つことが容易に分かるように腕を上げると、レシーバーにその意図が読まれてしまう。レシーバーに見えないように腕を上げることが重要だ。

肘を使って密かに相手との距離をカバーする。肘を上げ回転させると、拳がターゲットに近づく。そこで打つと、相手はバランスを崩すか怪我をすることになる。

そこで両手を緩めに開いて上げ、肘をわずかに持ち

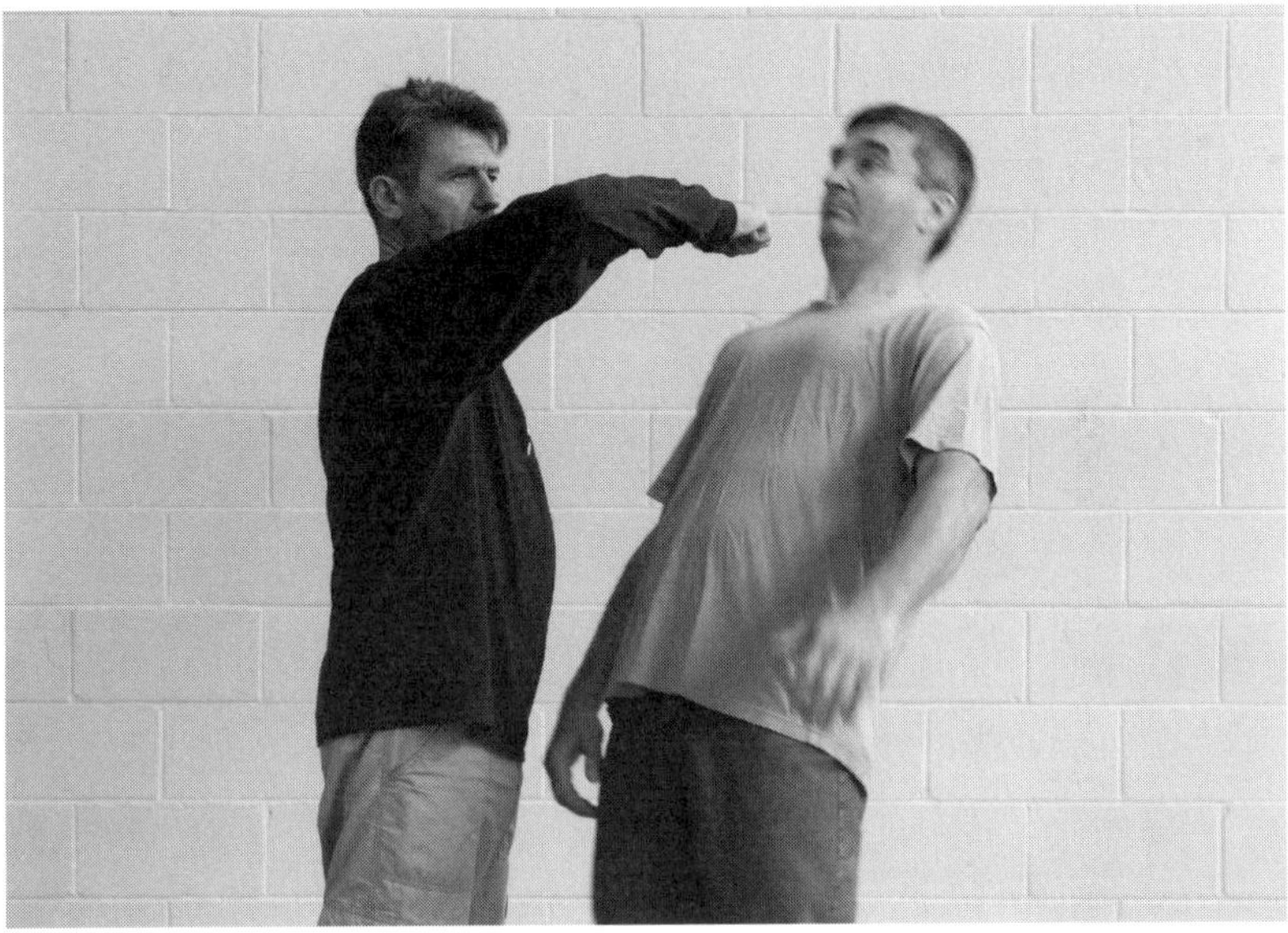
ストライクの軌道が見える頃には、既に手遅れ。

上げ回転させて拳を作り打つ。肘が上がると相手の視界が妨害され、パンチの来る角度とその距離を計るのが難しくなる。フックにも同じことが言える。フックが大きく斜めの角度から来るとその軌道が見えるが、最初に肘を上げるとフックが横から真っすぐに来る形となり、レシーバーにとって見えにくくなる。腕を上げたパンチはリラックスした体から発せられるので、レシーバーにとって見づらいだけでなく速度も速く感じられる。速く深く見づらい。故にそれに準備するのは至難の業だ。

まず両手を上げるのを練習相手に見てもらうことから始めよう。肩が上がるのが相手に分かってしまうのは良くない。緊張はすぐ分かる。両手を上げた時に生じる肩の緊張は、相手に一目瞭然である。相手に気づかれずに両手を上げるには、(a)リラックスし続ける、(b)攻撃的態度や興奮状態を作らずに冷静さを保つ。そうして打つと、レシーバーには見えないストライクとなる。第三者にはレシーバーよりも状況がより明確に見えるが、アクションが速いので全てを目で追うことはできない。この方法で正しく打てると、「見えない」ストライクは通常のストライクに比べ90パーセントの割合で気づかれないだろう。

相手に肩の緊張を気づかれたら、見えないストライクの準備はできていない。

まず自分をチェックする。肘を上げて緊張があるかどうかを確かめる。これは自分自身に対して行う練習だ。緊張や攻撃的な感情は相手にも伝わる。

その状態で肘を上げて、相手にどのような影響が出るか試してみよう。

攻撃的な態度で臨めば、相手はパンチを打ってきたり、ブロックしたり、逃げたりするだろう。相手に気づかれないようにパンチを打ってみよう。

本質

自分自身も周りから見えない状態でいることが望ましい。周りに気づかれているということは、自分に緊張があるということを示唆する。相手が遠くからでもこちらの緊張に気づくように、ストライクを打つ準備段階で自分でも自身の緊張の度合いに気づかねばならない。

力の入ったアプローチは相手を用心深くさせ、ファイト体勢を作らせる。

フリーな状態は緊張が始まった時に終わる。自分の緊張に気づくことができたら、それを失くすこともできる。リラックスしていると、自身のパンチは見えないパンチになる。

この練習は相手に見えないように武器を引くことにも応用が効く。両手を上げる時、自分にさえもそれが分からないようにする。あばら骨、首や肩を折った経験があると、腕を微妙に分からないように上げて負傷した部位を守ろうとするが、その感覚だ。最初に習得すべきは、自分も分からないように両腕を上げ、相手に見えないストライクを打つことだ。

肘を上げて、相手への影響をチェックしよう。緊張せずに自分の腕を相手の肩に回すのだ。力を要するなら、相手との距離が正しく取れていないということだ。

生徒の気質にもよるのだが、ヴラディミアはフレンドリーに生徒に近づき、真っ正面から生徒の肩に軽く手を伸ばした瞬間、相手の顎目がけて拳でパンチすることがある。どこからパンチが飛んで来るのか全く分からない。説明も難しい。相手からすれば彼の手の位置は分かっているのだが、それが次にどんなことをするのかなど全く予測できない。ましてやカウンターパンチを打つなど想像外である。これは不意打ちパンチではない。不意打ちパンチとは、ファイトの準備など全くしていない相手に対して、近距離から身体的攻撃を突然与えることである。ヴラディミアの見えないパンチはそれとは違う。不意打ちパンチが終わったところから始まるように見える。その衝撃は軽く、不当な扱いを受けたという印象は持たない。この種のパンチは真偽の確認が簡単にでき、ポジティブな情報交換である。

ストライクを打つ前に胸や肩などを緊張させてしまうのは、前触れなく銃を撃つというよりも、安全装置をオフにしてから撃つのと同じだ。緊張がないと、即、相手に触れることができる。緊張があると、相手にこちらの行動が事前に分かってしまう。

ヴラディミアが、見た目はシンプルでも難易度の高い技をしかけてくる生徒に、どのように対処するかを次の彼の言葉で考えてみよう。

良くなった。でも君は自分を過度にコントロールしている。分かるか。まず君のここ（ヴラディミアが生徒の胸を指す）に緊張がある。ここ（肩と肘を指す）にも力を入れている。そして最後に私に向けて拳を上げる。君の行為は銃の安全装置を一つずつ外しているようなものだ。パンチする時は私の目を見ろ。私が既に君の肩に目を向けているのに、君はまだ銃の安全装置をいじっている。スピードの問題ではない。障害物が皆無の状態を作れと言っているのだ。

◎相手の視界に入らないように

まず相手の顎に拳を静かに置いた状態から始める。ただ触るだけ。次に相手に触れているのを実感できるように何回か押してみる。次に手を下ろして、再び相手の顎にタッ

チする。初めのやり方でただ触れるだけだ。リラックスして自信をもってタッチする。これがパンチを打つ時に必要な要素である。顎を打つ技は実際のディフェンスで重要なスキルだ。相手に掴まれてパンチが打てない状況でも、近距離で緻密に取り組めば、相手の顎を打ってノックアウトを食らわせることができる。小さなハンマーで小さな釘を打つような、とても精密な動きである。

この練習の鍵は、常に相手の視界に入らないようにアプローチすることだ。相手がディフェンスを取る前に、拳をできるだけターゲットの近くに持って行くのが最も基本的な形である。

■ラボタ⑥「互いに観察し合う」

概要

第3章「基本概念」で拡張拡大について説明した。ほとんどの人は拡張拡大と反対方向に向かう傾向がある。ここでは、ストライク前の少しの緊張さえも気づけるような訓練をする。

構造

二人が距離を隔て向かい合って立つ。互いの方向に歩き出し、すれ違い際に互いに相手にパンチを一発打ち、互いが元の位置に戻る。次は同じ要領でパンチの数を2回にする。3回、4回と増やしていき10回まできたら、パンチの数を一つずつ減らしていく。最後は1回のパンチで練習を終える。短時間に複数のパンチを打つことで、近距離からのパンチを正確に打つ技を習う。

このドリルは二人が穏やかな姿勢で向き合い、一所でパンチを打つ練習だ。より動きのある練習方法もあるが、まずは互いが近距離を保ち一所に留まってパンチを打つ練習をしよう。感覚を掴むのだ。このドリルで呼吸のコントロール方法も習得できる。一度のパンチにつき1回の呼気で、複数のパンチを受けたら速い呼気を連続的に行って対処する。

　この練習の応用編では、二人が互いの方向に歩いていき、すれ違い際にパンチを打ち、そのまま互いに前進し続ける。パンチの数は1回から10回、そして徐々に減らしていき1回まで戻る。攻撃しながら動く練習である。一所に留まらない。すれ違いざまに決められた数のパンチを打つ。パンチが相手に当たらなくても動き続け、そのまま前進する。

互いに歩み寄る。

パンチの届く距離に相手が来たら、パンチを複数回打つ。

本質

距離感を養うのに最高の練習だ。また痛みや不快感に襲われても想定外のことが起こっても、仕事を成し遂げる術を上達させることもできる。このドリルの要点は、相手の準備態勢を観察することだ。相手がパンチを一発だけ打つつもりでターゲットに近づいて来る時、相手の体は強いパンチを打つ準備をしているはずだ。パンチを何度も打つつもりなら、その準備の度合いはさらに大きくなり、体は縮み緊張しているだろう。「相手の気持ち」「決意のほど」の準備態勢を目と肌で感じられるだろう。

■ラボタ⑦「てこ利用のカウンターストライク」

概要

このドリルでは、衝撃を無効にする動きを練習する。最初は単に回避するという対処方法。次に逃げながら**カウンターストライク**を一発、二発、と増やしていく方法だ。システマでは動きとストライクは兄弟、いや双子である。このドリルではそのシステマの考えが直観的に分かる。まずは「譲歩して回避」を練習する。必要であればカウンターストライクを打つことも可能である。

構造 ― 引き下がって回避

このドリルは、第7章「ストライクのトレーニング」の「プッシュの一般的概念」のセクションで説明したプッシュのドリルに似ている。違いは、レシーバーが譲歩して得たエネルギーを必要であれば使えるという点だ。レシーバーは関節や体の部位を押されたら押されるままに動かす。そこで得たエネルギーを、カウンターストライクの原動力として使おうと思えば可能である。微妙な動きだが、それがシステマである。機械的なテクニックではなく、自分にそして相手に対する感覚を鋭敏にするテクニックである。

本質

ストライカーにプッシュされたら、そのまま動く。その状態で、必要であれば押した相手にパンチを打ち返すこともできる。肩を押されたら、そのまま肩を後ろに引く。私が伝授したいストライクとは、弓から矢を放つようにストライクするということだ。押されたら、そのプレッシャーを利用して腕を後方に弧を描くように動かす。瞬時に矢を放てるように、弓を引く感覚で腕を動かすのだ。まず引き下がる。そして相手の動きを相手に返す術を習う。

このドリルは自分の体をチェックするのに役立つ。相手に押された時、肩の緊張で腕が上がらないとパンチを打てない。いつでも腕を上げ相手を攻撃できるように準備しておく。そうすれば、連続的に打ったり、足技を掛けたり、相手を転ばせたりなど他の動きも楽に取れる。簡単に相手に挑戦できる。柔ら

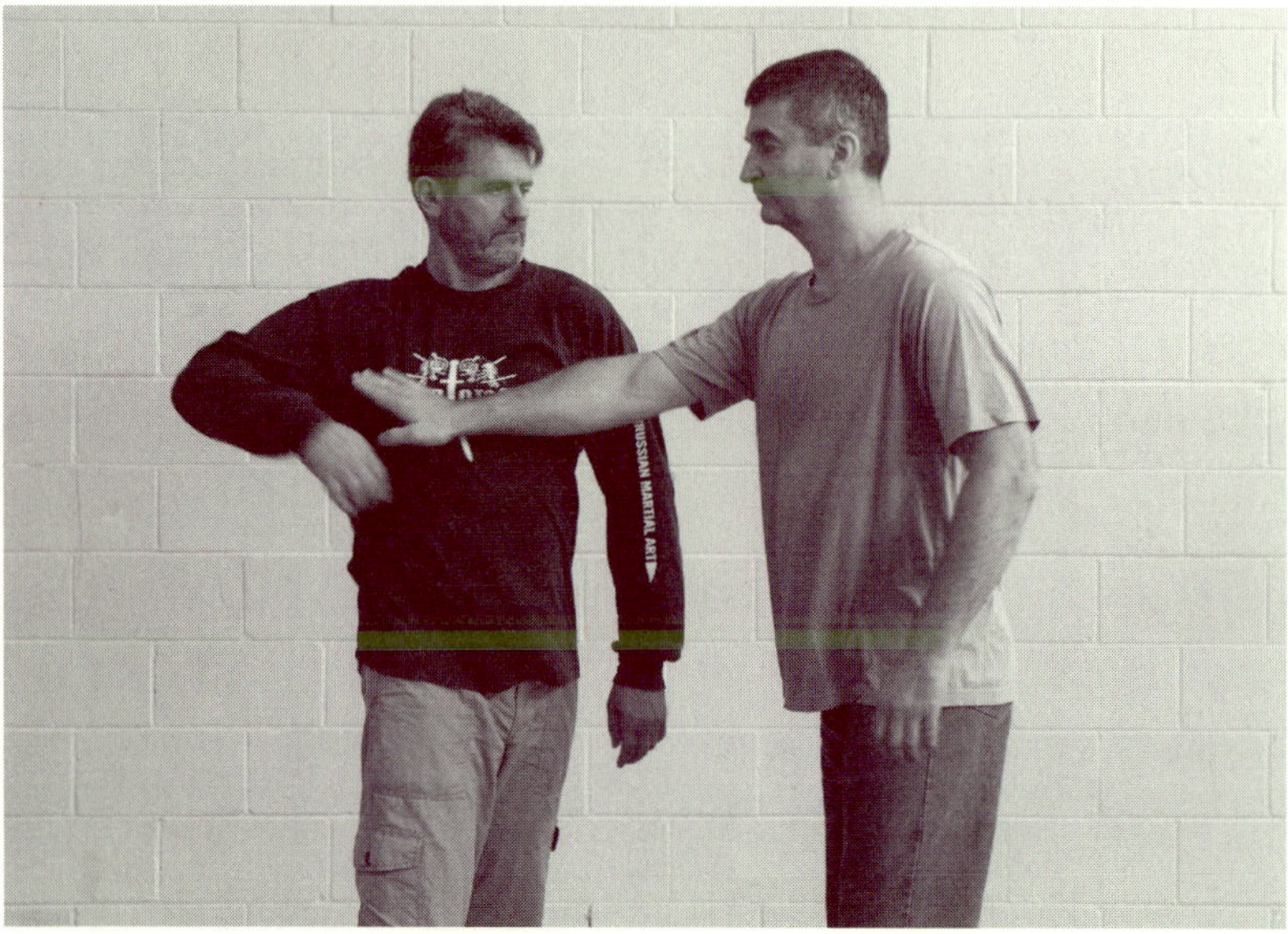

向かい来る力に対して、まずは意識的に譲歩する。

かい体で動くので全身もリラックスする。

構造 — 引き下がってカウンターストライク

ここでは実際に譲歩して得たエネルギーを使って、カウンターストライクを打つ。その方法は次の通り。

・ストライカーがレシーバーの肩を押す

・レシーバーは肩を後方に引いて、ストライクの準備をする

・カウンターストライクを打つ

カウンターストライクには、プッシュかパンチを使う。レシーバーは受けたストライクの威力を「借りる」ことになる。借りた威力でカウンターストライクを打つ方法は様々だ。例えば、受けた衝撃をそのままストライカーの胸や肩に返す代わりに、相手の伸びた肘の下から拳で決定的な衝撃を与える方法もある。

てこの力を利用したカウンターストライク — 力を借りる。

最初は二人で一定の場所に留まって練習を繰り返す。その後、動きまわって練習する。相手のプッシュにパンチやプッシュバックで反応する時は、肩に力を入れない。肩は常に「終了」している。矢を放つように肩は決して動かない。矢だけが飛んで行く。肩を後方に引くと、手と腕は完璧なカウンターストライクの位置に来る。準備は整った。

ストライクは使う手だけに集中して打つ。全身を使わない。余計な動きを加えない。後ろに引いた後、軌道を変えず真っすぐ前に突き出す。

ヴラディミアの最後のインストラクションはとても奥深く、ほとんどの人が聞き逃してしまう。カウンターストライクの力を肩に頼ってしまうなら、このドリルの要点が理解できていない証拠だ。このドリルだけではなく、システマの基本概念のほとんどが理解できていないことになる。カウンターストライクは、最初に

てこの力を利用したカウンターストライク — 力を返す。

肩を引いたとしても最後は手だけを使う。追加のパワーは、主に肩を後ろに引いた時の緩みと相手の緊張を吸収することで生まれる。

リラックスして打ち返すことを心がける。ストライカーが攻撃してきたらまず回避して、直接カウンターパンチを打つ。何度も打って良い。相手の筋肉を打って、相手の緊張を和らげる。自分の手には「重み」が必要だ。相手に深いパンチを打ってはいけない。そうするとパンチの影響が相手の体内に長く滞る。これはセラピー効果を与えるパンチなので、浅いパンチで良い。相手のパンチに対するリアクションは、物を投げる感覚で行う。

手をリラックスさせよう。パンチに対して1回のプッシュで対抗できるようでなければならない。その後で、ストライクを打ちながら動くことを練習する。脚の緊張で自分をロックしてしまうこともあるだろうが、手が自由に動かせると攻撃も簡単にできる。相手が押して来たら、相手の緊張を自分の体内に吸収して一瞬だけ保持し、その後その緊張を取り除く練習をしよう。

このドリルは**先制的自衛**のスキルを養う。徐々に感覚が鋭くなり、相手の攻撃に対して自衛とカウンターストライクとをほぼ同時にできるようになる。

本質

カウンターストライクドリルの二つ目の要素は、プッシュに対していつでも打ち返すことができることだ。だが最初のドリルと同様に、いつでもストライクを打つ**心の準備**が根底にあるべきである。何が心の準備を妨げるものかを常に意識し、自分を観察することが大切だ。

逃げられる時は逃げるのがベストだ。だが壁に囲まれて無理な場合は、縮まってしまった体の部位を動かす。これがストライクを打つ準備となる。逃げる時はいつでも、また動かせるパーツは何でも動かして攻撃者にパンチする準備を整える。リラックスして準備する。実際にパンチを打たなくても、リラックスだけはする。

肩と胸を少し大きく膨らませながら、腕をわずかに上げる。次に息を吐き、その重みで全てを解き放つ。パンチの軌道が曲がったりどこかに引っかかったりしてしまうようなら、肩や腕に過度の緊張がある証である。ガタガタ道のようだ。パンチは真っすぐにショートスパンで打つのが良い。ターゲットに向かってジグザグ道をたどるとしたら、体に緊張が残っている証拠だ。

次にストライク二発で対処してみよう。相手に押されたらカウンターパンチを二度放つ。そうすることで、自分の肩の緊張を見つけ和らげられる。二発のカウンターパンチはリズミカルにスムーズに打つ。1、2のリズムで合間なく放つのが良い。拳は常に重い状態を保つ。一発目で一人を押し、次の相手を見つけ、その相手目がけてまたパンチするのは良くない。一発打ったら拳の向きを変えて途切れなく打つ。一発目は体の低い部分を打つ。次に拳の甲を相手に向け、相手の胸に見えないアッパーカットを放つ。相手の緊張を一瞬借り、それを力に変えてのパンチだ。

■ラボタ⑧「ボールのように引き下がる」

概要

第7章「ストライクのトレーニング」の「プッシュの一般的概念」で、プッシュについて説明した。ストライカーがレシーバーの肩や腰など身体部位をプッシュして、きちんと動くかどうかをチェックするエクササイズだ。ここではストライカーのプッシュに対し

一歩踏み出して、ストライクの軌道から全身を外す。

てレシーバーは押された箇所だけを引くのではなく、体全体をシフトする。ボールは押されると、その形を崩さず別の場所に転がっていくだけだ。このドリルでは、レシーバーはボールのように動く。

構造

体の部位（肩、膝など）を押されたら、全身を移動する。全身の移動に余計なステップを取る必要はない。軽く一歩踏み出して、体全体を別の場所に移動させる。体をフニャフニャさせずに移動させる。ステップを踏む度に全身を真っすぐにし、フォームを保ち、体が一つのユニットであることを意識する。リラックスしていても弾力性のある体を保つ。

本質

相手のパンチで動けなくなったら、その場でリラックスする。だが常にカウンターパンチを打てる準備は整えておく。

打ちたいという野望を持つのではない。そうすると相手にそれが分かってしまう。ただ打てる準備をしておくだけで良い。動いて打つ準備となる。だが最初はその準備をしたまま逃げる。どんなポジションからもパンチを回避できるようにする。その場を離れないと決めたら、体の一部を動かす。もちろん全身でも良い。そうすると相手にとって脅威となる。

どのように攻撃されても、小さなステップの踏み出し方を知っておこう。私は逃げる時、どちらの腕からでもパンチが打てるように体重を左右バランスよく半々にかける。片側に体重をかけ過ぎると、余計な緊張が忍び寄る。

攻撃者の怒りなどを回避したい場合は、体重を左右の脚に交互にかけて軽くシフトする。体重が左右均等にかかっていると、相手のどの部分へもカウンターパンチが打てる。脱出するのにステップを大きく取る必要はない。小さなワンステップで十分である。

脚をロックしないことが鍵だ。ロックせず逃げる。パンチを打とうとすると相手は自身のターゲットが認識できたと感じ、自信が出てくる。ターゲットが定まったと認識すると、相手はそこに焦点を定め動く。そうなったら相手を変えるのは困難だ。そういう時は、小さくてもバランスの取れた一歩を踏み出すことで、相手の知覚を損なわせ、動きを妨げる。

小さくバランスの取れた動きは、対立シーンにおいて怒りで興奮している相手をリラックスさせる際にも使える。相手との対立シーンでは、体重をゆっくりと軽く左右交互にシフトさせる。そうすると相手がリラックスしてくる。相手が感情に任せて定めたターゲットへの集中を崩すことができる。攻撃を受けていないうちは、ゆっくりと静かに体重を左右にシフトするだけで良い。それで相手はリラックスし出し、自分はアクションが必要になった場合に備えられるのだ。

腰と脚はリラックスさせつつ、体重シフトしながら準備を整える。体重移動は攻撃の回避とレスポンスの準備だ。ボクシングに見られるパンチ回避の考えでは事は成し得ない。「動きを組み立てる」のだ。穏やかに構えて、何が起こっているのかを見極める。「冷淡に」油断のない蛇の如くスパッと動き、注意深く周りを観察し続ける。単なる「脱出」ではない。それは「意味のある動き」なのだ。

自分に対して攻撃を仕掛けてはいないが怒りを露にしている集団に居合わせたとしよう。自分ではなく、他人がそういう場におかれた場合にも当てはまる。その場合は、体重を左右にシフトさせながら彼らの反応を見る。時間と共に彼らの怒りは収まり穏やかになる。体重をシフトしながら脚を上げるのも良い。緊張を全て自分の体から取り去る。ボクサーのようなパンチの避け方をすると、逆にパンチを誘うことになる。

攻撃回避はカウンターアタックの準備としても使える。小さく一歩踏み出して攻撃を避け、その直後に相手のあばら骨にローパンチを打っても良い。

まず回避、次にストライク。攻撃を回避する時は「手は常に相手の近くにおく」。決して自分の方におかない。ショートパンチを打つ方法はすでに練習済みだ。穏やかに手を準備させておくのだ。相手の腕の下に両手を隠してみるのもいい。相手がどのように反応するかを観察する。自分のパンチが見えるかどうか。肘を使って相手の視界を遮る。肘が上がっても、相手はそのパンチが届くとは思わないだろう。だがパンチを打つ手はすでに相手の顔近くにあるのだ。

■ラボタ⑨「ストライクゾーンへのアプローチ」

概要

このドリルを練習して、システマの本質の奥を探る。

強靭さ、パワー、忍耐力、可動性だけでなく、気づく力、感覚、観察力も非常に大事な要素である。

構造

二人が向き合って立つ。一人はドリル中ずっと「静止」状態。ここでの「静止」とは、踵や足が地面から離れないことを意味する。静止状態を取るのはストライカーである。レシーバーはストライカーに近づいて行くのだが、用心しながら感覚を研ぎすませてアプローチする。

ストライカーは一定の場所に静止状態で立つ。レシーバーはストライカーに近づいて行く。ストライカーがレシーバーに対してパンチ可能な距離まで近づく。ストライカーが足を上げなくても十分に強いパンチが打てると認識でき、そのアクションを即取れる距離である。その距離をストライクゾーンと呼ぶ。危険なエリアだ。レシーバーが少しでも侵入してきたら、ストライカーは即、顔にパンチを打つと簡単に予測できるエリア、ストライカーが真剣になったと感じ取れる距離だ。その地点まで到達したら、レシーバーはストップする。ストライカーの目的は、踵が地面から離れないこと。常に地面につけた状態を保つ。パンチしようという意図を阻止するためだ。顔へのパンチと言ったが、それは危険度に対する感覚を養う目的からである。ストライカーのゴールはできるだけ強くパンチを打つことだが、トレーニングでは胸をターゲットとする。

レシーバーは相手の動き出す瞬間が分かるように、ゆっくりと近づいていく。動き出す瞬間が感じ取れたら、すぐに後退する。ストライカーはパンチを打つ準備と、それを解く準備を同時に練習する。また踵を地面につけていることで自己コントロールも養える。レシーバーはストライクゾーンの際近くに留まる。ストライカーは、レシーバーがゾーンに侵入したら即パンチを出せるように構える。その姿勢を保つことで相手との距離感が養われ、どんな場合でも距離を正しく見極められるようになる。

本質

アプローチする側は色々な方法を試そう。例えば、ストライクゾーンに胸や顔を少しだけ突き出してみる。ストライカーが即レスポンスしてくる。そこで後退する。顔にパンチを発する人は少ないが、無ではない。レシーバーはアプローチの角度を変えても良い。私がよくするのは、故意にストライクゾーンに侵入してストライカーのパンチを誘い出す。パンチが飛んで来てもそれは貴重な経験だ。ストライカーは静止状態を保ってはいるが、いつかは必ず攻撃してくる。

レシーバーはいずれパンチを受けなければならない。そうして恐怖を克服するのだ。体格の良い相手が待ち受けるストライクゾーンに侵入するのは怖い。それでも侵入するのだ。実際にパンチを受けると、思ったほど痛くないかもしれない。相手は踵を地面につけているし、距離感を誤るかもしれない。フリーの状態で打つパンチに比べて、威力はそれほどでもないだろう。

このドリルは本質的に基本のＳＥＴ構造の真逆なので、図解はない。このドリルではレシーバーが静止状態のストライカーに近づいて行く。ＳＥＴと甚だしく違うところは、最初に二人が取る距離、さらに鋭い知覚力と観察力を要することだ。レシーバーとストライカー双方の感覚を鋭敏にするドリルである。

第9章

超越

町民が恐れているのは自分たちの記憶さ。

（クリント・イーストウッド
「荒野のストレンジャー」）

私達には超越しなければならない事柄がたくさんある。プライド、疲労、痛み、恐怖などだ。その中でも恐怖が最初に克服すべき要因だろう。恐怖はしばしばマイナス要因として考えられるが、システマのトレーニングはマイナス要因をプラスに変える目的で作られている。ヴラディミアがどのように恐怖を克服するか、その方法を一つ紹介しよう。

（第3章「基本概念」の「途切れない ― 動き続ける」のセクションで）目を閉じて歩き、恐怖を感じたら腕を上げるというエクササイズを説明した。恐怖を感じた時、それが自分の内側にあるものなのか、それとも自分の目の前にあるものが災いしているのかを見分けることが重要だ。何かを感じたら目を開け、実際に誰かが目の前に立っていたら進歩である。感じたものが単に目を閉じている恐怖でないなら、自分を取り巻く環境への感度が鋭くなった証拠である。その感度はいずれ自分の正面だけでなく全方向、360度に機能するようになる。まず自分の中の恐怖をキャッチし、それを自分の外側、手の方へ移動させる。恐怖が手に移動した段階で目を開け、事実を確認する。どの方向に恐怖があるのかと憶測するのではない。外の事実に反応する感覚を養うのだ。

もう一つ克服しなければならないものにプライドがある。プライドは恐怖やエゴを隠すために働くものだ。これは第3章「基本概念」の「明確さ ― プロ意識」と関連性がある。

トレーニングが深くなると、ファイトに巻き込まれることが少なくなる。なぜなら人々の目に自分が映らなくなるからだ。スポーツファイター、ボクサー、レスラーなどはジェ

スチャーや構え方などで自分をアピールし、人の注意を引くことがしばしばある。しかしシステマのトレーニングを積んでいくと穏やかになり自信がつき、ファイトへの備えを常に持ちながらもその場を楽しく観察できるようになる。色々なことができるし、必要になれば即席の武器も作れる。

人によってはそんな考えは甘いと言う。そういう人たちはMMAなどの直接対決の格闘スポーツに挑戦するだろう。だがそこでエゴがさらに押し出される。それは良いことではない。ファイトにエゴは良くない。単に見せつけることになるからだ。どうして相手を打つ必要があるのか。周りの期待に応えるためか。そうだとしたら、一人をノックアウトするとまた次に誰かが現れ「今度は俺の番だ。断るのか。臆病者め」とののしられる結果となる。プライドを満足させたいがために全ての人を喜ばすことなど不可能なのだ。

ここでヴラディミアのファイトスキルの一例を紹介したい。その後で、そのファイトスキルを上達させ使うことが、どのようにプライド、エゴや恐怖に関連するのかを彼に語ってもらおう。ここで紹介する例は、ビデオカメラでさえ収めることのできないほど小さな、達人のタッチである。ヴラディミアは通常、相手に対して拳のパンチを真っすぐに打つ。リラックスしたパンチでエネルギーの跳ね返りが全くない。その後で思いついたかのように拳をサッと横向きにして、拳の片側で相手を激しく打つ。その時、手首は前後に曲がらず、腕も動かさず、拳だけが2、3センチ動くだけだ。それが、たった今パンチしたばかりの相手の顎や頬への二度目のストライクになるのだ。ナイフで横から一刺し加えるようなものだ。派生的なストライクだが、恐ろしいほどのインパクトを与える。ヴラディミアの拳はそれだけでも「拳以上の重さを持ったパンチ」となる。

ある生徒が、この不思議な秘伝的「特殊効果」について教えてほしいと願い出た。次のやり取りがその時の模様だ。

オーケー。トライしてみろ。

生徒は自分のベストの横から発するパンチを披露した。

駄目だ。君の銃には弾が入っていない。私は自由に自分の手の内を見せるが、君はそうではない。ただの憶測だ。こうしたら効くかな。これは駄目かな、と。君は何も分かっていない。私も一つ一つの動きが功を奏するかどうか分からない。だが私はその動きをフリーに見せる。心理的に身体的にリラックスしているから、見せるのは全くオーケーだ。怖がらずに見せられるのだ。

完璧に理に適っていると思った。ヴラディミアの動きは第3章「基本概念」の「突発性 ― 即興」で説明したが、彼のおかれた立場や瞬間的状況から判断して出る突発的動きである。特別なテクニックとして独立したスキルではないのだ。見せたいという欲求が邪魔をしていない。「見せても良い」という心理と「見せたい」は同じではない。それが本当に突発的なものなら効果がある。ヴラディミアは横からのパンチだけではなく、全ての状況や事象に対して備えるべき洞察力について語ってくれた。驚くべき「小さな」、しかし破壊的なジャストインタイムのパンチの源をこう説明する。

複数の相手と対峙する時は特に、動きの連携を保つことが必要不可欠である。一度パンチしたら、次のストライクの準備をしながら手を引く。そうするとその「意図」が、引いた手に受け継がれる。ストライクは全て動きと連動させながら、同一の相手、あるいは複数の相手

に対して使うのだ。

私にとって、どのストライクも一つの大きな生産活動の一部である。ストライクは全ての動きを構成する一つの歯車なのだ。身体部位全てがそれぞれに連結している必要はない。（そのような動きは第3章「基本概念」の「障害物が皆無」に矛盾する。）一連の動きは、特定の身体部位や独立した動きには依存しない。相手が向かっているのが分かったら、成すべきことを成す。打ち倒すのか、負傷させるのか、やめさせるのか、癒すのか。それが一つの生産活動である。

本物のパンチを持っているという自覚があるなら、人に見せる必要はない。無駄な行為だ。デモをする理由は先生として生徒を指導するためである。だから私はデモをする。スキルを持ち合わせていても先生じゃないなら、どんなに自信があってもそのスキルを披露するのは避けた方が良い。能力を排水溝に流す必要などないではないか。何かを「見せ」だすと注目を浴びる。先生としてデモをするなら良いが、そうでないならしまっておく。それは宝だ。自分の中の宝は「暴露したくない」と思うだろう。自分の中だけにしまっておけというのではない。さほど優れたスキルではないかもしれないし、先生の方が数段上だろう。先生ならそのスキルを披露しても、まだ隠し持っている何かがあるかもしれない。しかし素人は自分のスキルを誰彼構わずに披露するのはやめたほうが良い。誰かに「そのパンチを見せろ」と言われたら、「何をどう見せれば良いのか分からない」と答えるべきだ。

ヴラディミアの話はここで終わったかと思った。だがその後すぐ、「見せる」というトピックで別のエピソードを語りだし、さらに異なる見方を教えてくれた。彼にはよくあることだ。

自分自身のスキルやパンチ、能力全般を強化し過ぎるのはあまり有益ではない。パワーやスキルの属性として持つ要素は突起していないもの、特別に作られたものではないほうが良い。過度に強化すると、間違った形で「見せる」結果を招く。他の人にそれが気づかれトラブルの原因になる。

戦争時、指揮官や警備員が試験的に囚人達の列に突然ジャンプして一人を襲うことがある。襲われた囚人が反射的に攻撃者を投げ飛ばしたり簡単に無力化したりすると、列からはじき出されスパイだとして撃たれてしまう。これは危険人物だということだ。分かるか。だから不自然なまでに自分を強化するのは危険なのだ。

このエピソードは第3章「基本概念」の「明確さ―プロ意識」に関連する。全ては目的をもって、自分のコントロールの下で成すべきである。ある状況下で遂行すべき明確な目的が無ければ、何も起こらない。

富の増し加わる時、これに心をかけてはならない。

（旧約聖書　日本語訳詩篇第62篇）

仕事にハートを持ち込むなとミカエルが言う。ここでいうハートとは、何かを得たい、見せたい、大きな成果を出すために大きな仕事をしたいという願望を抱くことである。失望にも繋がる。ハートとは感情である。感情を移入しなければ、全てがシンプルだ。あるのは成すべき仕事だけである。人に自分のスキルを見せるために仕事をするのではない。

◎教えることは可能か？

戦術学の9割は理論的に明快で、本を通して教えられる。しかし残りの1割は非論理的で、教えられるものではない。カワセミが突然空中から川の中に飛び込み、魚を襲うようなものである。この能力の

有無が、将軍の資格の有無を計る最良の試験となる。
（T・E・ロレンス「アラビアのロレンス」）

本書全体のメッセージは、「ストライク」は突発性を要するスキルであるということだ。それは、健康な肉体、精神性、実践的な経験、奥深い道徳観、より高い理想を目指す情熱が相互に深く関連し合って生まれるスキルである。

私が今感じるのは、ただリラックスするだけで良いということだ。リラックスが進むと動きやリアクションがさらに機敏になる。自分は最強だと信じている人がいるが、それはまだ偉大な人に出会っていないというだけだ。偉大な人に触れるチャンスさえないかもしれない。偉大な人は異次元の存在なのかと疑いたくなるほど、会うことは一生ないかもしれない。偶然偉大な人に出くわすことがあっても、たいてい瞬間的で、意味のある出会いではなく、ましてや何かを習うに足る時間を過ごすことはないだろう。第3章「基本概念」の「明確さ ― プロ意識」での酒場のエピソードに出てくる割り込み連中のように。彼らは真の達人に出会った。だがその達人は連中を倒すと、即、姿を消してしまった。彼らが達人から何かを習うチャンスなど皆無だった。

生徒の質問に答えるのは難しい。人に教育を施すのも難しい。ミカエルも同じように考える。彼に何かを尋ねると黙ってしまう。どう答えたらいいのか。どうしたら私が理解できるかと思案している様子を見せる。既に彼の体の一部となりそれが自然の状態であることを、どのように説明したらよいかと悩んでいる様子なのだ。

ロシアに、「言葉だけでなく実物を見せて」という諺がある。

どんな本でも本書でさえも、できることは言葉の羅列でしかない。故に答えを出すのは読者の方々である。教えることが可能かが問題ではない。努力して習うことができるか、実践しマスターすることが可能かが問われるべきなのだ。それが次の教えを実践に移す方法だと言えるだろう。

弟子はその師以上のものではないが、修業を積めば、皆その師のようになろう。

（ルカによる福音書口語訳6章40節）

第10章

より良いライフ実現のための呼吸法

ミカエル・リャブコとヴラディミア・ヴァシリエフ、モスクワにて。

■LYEGKOYE（軽い呼吸のブレスワーク）

ロシア語のLYEGKOYEは、翻訳するのがほぼ不可能な言葉だ。典型的な露英辞書によればその意味は、「容易い」「軽い」「ラッキー」「容易な」「柔らかい」「空気のような」「努力不要の」「エーテル」「羽のような」「自由な」「軽快な」「滑らかな」「スリムな」「のんきな」「クモの糸のような」「そよ風のような」「軽い」「油断の無い」「少し努力を要する」「わずかに重い」「足早の」などがリストされている。

便宜上ここでは、「軽い呼吸」と呼ぶことにしよう。ここで紹介するブレストレーニングは、武術だけでなく日常生活を含む広範囲でその効果を発揮する。読者の方々は既にシステマブレスワークの七つの基本原則を理解し、自身のトレーニングに取り込んでいることであろう。

軽い呼吸とは、浸透する深さに関わらず、力まず穏やかに行う呼吸である。吸った息が体の各部位に到達すると、その部分が輝きだすような感覚が起こる呼吸を意味する。息を吸う時、どこまで浸透させるかを完全にコントロールする。まず立って頭に息を届かせるように吸う。鼻から長く息を吸う。このレベルでは深く吸う必要はない。吸った息が頭の中を駆け巡り、脳に触れるのを意識しよう。吸った息で頭を満たし、息が脳に触れる感覚だ。そして息を吐く。感覚を掴めるまで数回繰り返す。

次に、吸う息の最終到達地点を少し低くする。鼻から吸い脳に届かせた後、首まで降ろす。感じられるように努力してみよう。次に胸骨（背骨の上部）付近まで落とす。息を軽く長く吸い込み、頭、首、胸骨と目的地に完璧に到達するようにコントロールするのだ。そう感じるように行う。息が体の奥深くまで入り込むほど、このエクササイズは難しくなっていく。なぜなら、鼻の穴から息の最終目的地のどこかで緊張が生じてしまうからだ。緊張が生じるということは、筋肉が働きだしてしまったということを意味する。もはや軽い呼吸ではない。

このような方法でエクササイズを続け、息の最終到達地点を体の奥深くまで下げていき、最後は足の裏に到達させるように息を吸う。吸気は長く、量も増大する。時間にして1分から1分半くらいだろう。その間に息を体の一番下まで到達させるのだ。吸い終わったら、同様に軽く長く息を吐く。この呼吸をそれぞれの息の目的地毎に数回繰り返す。そよ風に体が洗われている感覚が体中を走るだろう。

軽い呼吸は大きなリラックス効果がある。このエクササイズの後は、自分の体や動きが全く違って感じられる。よりスムーズになるはずだ。重要なのは自分で確認することだ。まず、動かずに立ったまま呼吸の練習をしよう。ある時点で動きを取り入れる練習をする。呼吸と動きとを連動させることが重要なのだ。軽い呼吸が掴めたら、その呼吸を続けながらプッシュアップ、スクワット、またはレッグレイズ（レッグレイズは『Let Every Breath』を参照）を数回行う。これらの動きと呼吸とを合体させることがとても重要である。軽い呼吸は、体が強張ったり抵抗したり動きが止まってしまうのを防いでくれるのだ。また内面的な気づきの力も成長させ、体の統合をさらに高めてくれる。

通常の呼吸の仕方でプッシュアップをしても差し支えない。体作りには有益だ。だが軽い呼吸でのプッシュアップの訓練をしていないと、肺の能力を高めることはできても、体全体の統一感を増強させることはできない。軽い呼吸で取り入れた息は摩擦なく体の中に流れ込んでいき、抵抗を感じずに体を動かすことができる。従って、1回の吸気で7回、8回、それ以上のフルのプッシュアップが可能なのである。息はそれだけ長く軽く吸えるのだ。

さらに上級のエクササイズを目指すなら、プッ

シュアップを数回、スクワットを数回、さらにレッグレイズを数回と、これら全てを1回の吸気か呼気の間に行う。このエクササイズでは、一つの動きから別の動きへの移動（プッシュアップからスクワット）をスムーズに行うのが鍵となる。プッシュアップの後、スクワットに移行するには体の配置換えをしなければならない。筋肉の緩め方を知らないと体が強張り、自由に動けなくなる。

これは、ファイトにおいてとても重要なポイントだ。パンチやグラップ（ひっつかむ）の時に自分をロックしてしまうと、ファイト続行もディフェンスも不可能になる。

結論として、軽い呼吸のエクササイズでは息を吸う時、筋肉を働かせない。自然に柔らかく流れ込んでくるのが良い。息が自分の体全体を覆い、完全に体に浸透する。乾いたスポンジが水を吸収するような感覚である。息は体のある部分を避けることなく、全てに満遍なく行き渡り体を満たしていく。

このエクササイズをヴラディミアに最初に見せてもらった時、私は愕然とした。まず彼はゆっくりと穏やかにプッシュアップを数回行い、その後、流れるような動きでスクワットの姿勢を取り数回繰り返した後、最後、仰向けになってレッグレイズを数回行ってようやく立ち上がった。これら一連の運動を1回の軽い吸気の間に成し遂げたのである。彼が見せた息を吸うアクションを特別に**吸収気**と呼ぼう。彼の息の吸い方はとても軽く、空気が体の毛穴を通して自然に体内に浸透していくかのようだ。大きく吸い込んで体内の空気のチャンネルに流し込むといった、大げさなアクションではない。

私はあまりプッシュアップが得意ではないということもあって、ヴラディミアのパフォーマンスには強烈な印象を受けた。それまで色々な肉体強化のトレーニングに挑戦し、その中には様々な形のプッシュアップももちろん含まれていたが、ヴラディミアが見せてくれたプッシュアップを含む一連の動きは、この上なく困難で非常に厳しいものに思えた。今でもその印象は変わらない。

彼のデモの後、あまりの凄技に驚愕しながらも刺激を受けたことも事実だったので、そのプッシュアップに挑戦してみようと思った。一吸気で亀のようにゆっくりと下り上がるスーパースローのプッシュアップ。真の達人は下りて行くのに数分、床から数センチのところに留まり、下りて来た速度と同じようにゆっくりと上がっていく。疲労感など全く見受けられない。このスタイルのプッシュアップには常に驚きと尊敬の念を抱き、挑戦し続けていたのだが、なかなか同じようにできずにいた。

時を改め、ヴラディミアの**吸収気**にヒントを得て、一吸気で行うスーパースローのプッシュアップに再度挑戦してみた。穏やかに柔らかく息を吸い続けてみた。すると意外にも目標にしたゆっくりめの速度で下りて行き、決めた時間だけ下に留まり、下りて来た速度と同じ時間を費やして上がって来ることができたのだ。

欲張って空気を多く吸い込んだら、体力は消耗するだろう。スローなプッシュアップを初めて正しく遂行できたことは、私にとって貴重な体験だった。これからも吸収気の限界まで挑戦し続けようと思っている。

スーパースローのプッシュアップは、軽い呼吸から生じる包括的パワーの成せる技である。ただそれは包括的なパワーのごく一部にすぎない。ロシア正教の聖歌「Song of the Angels（天使の歌）」を聞いたことがあるなら、この呼吸の感覚が分かるかと思う。歌詞は短いのだが、その美しい歌は極めて優美にまるで天国にいるのかと疑うほど延々と続く。一つの音節が一呼気で八つの音の間を静かにスムーズに流れていく。正に地上にいながら聞くことのできる天使のコーラスである。信仰心があるか否かは全く関係ない。この歌声を聞けば、観光中であれ通りすがりであれ、その美しさと魅惑的なパワーに衝撃を受けるに違いない。軽い呼吸のブレスワークLYEGKOYEは、その独特な軽さで体と魂とを融合させるのだ。

第11章

システマ達人誕生の秘話

ホリートリニティーロシア正教会の長司祭ヴラディミア・マルチェンコとヴラディミア・ヴァシリエフ、ホリーアトス山にて。

聞き手

小さい頃から格闘技に興味があったのですか。それとも、その職に任命されたので格闘技に目覚めたのですか。

ヴラディミア

格闘技はずっと好きでした。本当の天職を見つけたと思いました。

次に紹介する漫画は、ヴラディミアがこれまでに遭遇した考え得る限りの様々な形の暴力にどう対処し、そこからどのように這い上がり、今日の地位を築いたかを物語る秘話である。ある意味これらは、彼特有のスキルを体系立て完成させた象徴的な出来事だったといえる。また一生を通じて追求する彼の天職、武術について、世の中にそしてヴラディミア自身に何が啓示されたのかを考えるのも興味深い。

ヴラディミアが実行、指揮した特別なオペレーションを全て描くことは不可能だ。またロシアでは職務以外でも遭遇するワイルドで暴力的なストリートカルチャーがある。ヴラディミアの経験談を全て描くなら、それだけで立派な一冊の漫画本となるだろう。しかし、ここで紹介する簡単なエピソードだけでも、十分にヴラディミアが自身の使命を、時には不本意でも全うしなければならなかった厳しい「学び舎」を実感してもらえると信じている。

「激しい雨が降る」というタイトルの最初のエピソードは、ヴラディミアがまだヒョロッとしていた十代の頃の出来事を描いている。彼はある日、友人が顔から血を流しているのを見た。殴ったのは友人の父親だった。父親は酔った勢いで友人の母親に殴り掛かり、友人は巻き添えになってしまったのだ。ヴラディミアが勇敢に突進していき、正義を主張しようとした時に何が起こったかが分かる。

次のエピソード「一人歩きしたジャケット」は、ヴラディミアの家族と家庭環境、そしてソビエト連邦時代の街中の風景を描いている。

　これら二つのエピソードは、数えきれないほどの驚くべき「状況」から抜粋されたものである。彼の天職に向けての最初の一歩を紹介するエピソードでもある。彼の天才的運動能力と情熱的に抱く明確な道徳観の融合を、彼の独特のアクションに見ることができるだろう。

　他人に対して打つストライクはどんなにショッキングで例外的に見えても、その行為はある種、人とのインタラクション、コミュニケーションである。繊細な人は他人の言動からその人の人となりを察知する。同様に他人へのストライクは打った本人の体、マインド、ハートそして魂の状態を浮かび上がらせ、それらの診断も可能なのだ。それが次に示す神の言葉の本当の意味だとヴラディミアは指摘する。この言葉はスピーチだけでなく行動全てに当てはまり、その意味を深く考えれば自身だけでなく他者への理解も深まるのだ、と。

蝮の子らよ、あなたたちは悪い人間であるのに、どうして良いことが言えようか。人の口からは、心にあふれていることが出てくるのである。

（マタイによる福音書　12章34節）

これは、私達が口にする言葉だけでなく、ファイトやストライクを含む行動全てに言えることだ。自分の心の中に何を抱えているかを慎重に考えよう。計画しようがしまいが、それがいつかはストライクとなって放たれる。

激しい雨が降る

ダビデとゴリアテの戦い(旧約聖書「第一サムエル記」第17章に基づく)

1970年代初期の旧ソビエト連邦、トヴェリ州。夜の帳がおりる。

父たる者よ、子供を苛立たせてはいけない。
（コロサイ人への手紙3章 21 節）

ペリシテびとは見まわして
ダビデを見、
これを侮った。
まだ若くて血色がよく、
姿が美しかったからである。
(サムエル記 17 章 42 節)

私たちの格闘は血肉に
対するものではなく、
主権、力、この暗やみの世界の支配者たち、
また、天にいるもろもろの悪霊に対するものだ。
(エピソ人への手紙6章12節)

主は、いくさすることをわが手に教え、戦うことをわが指に教えられる。
（ダビデの歌 144 章 1 節）
主は、信心深い者を試錬の
中から救い出し、

また不義な者たちを裁きの日のために、
いかに懲罰の下に閉じ込めておくかを、知っておられるのだ。
（ペテロの第二の手紙2章9節）

一人歩きしたジャケット

母さんはいつも一生懸命働いていた。午前4時。パンを積んだトラックを運転。パンを降ろし、また積み上げ。
少しでもお金が貯まると、僕にサプライズのプレゼント。

新しいジャケット。フィンランド製だ！
貧乏だったので、こんな高価なものは見たことがない。でも母さんがどうにかして買ってくれた。

駅で、
КОММУНИЗМ—
ТЕЛЕФОН
喧嘩が起こった。
二人の男が僕の両腕を捉えた。

頭が真っ白になった。ただ、
ジャケットだけは絶対に守りたい。
ジャケットは無事だった。
(僕がジャケットに乗り移ったのか?)
分かるか?

母さんが一生懸命働いて買ってくれたジャケットだ。
ММУНИЗМ
СВЕТЛОЕ БУДУЩ
ВСЕГО ЧЕЛОВЕЧЕ

【付録】

その聖所に立つべき者は誰か。
手が清く、心の潔い者、その魂が虚しいことに望みをかけない者、偽って誓わない者こそ、その人である。

（詩編24編3、4）

■ストライカーとしての責任

◎ストライカーは自身の内部状況を十分に認識した上で、かつ苛立ち、プライド、攻撃性や無関心といったネガティブな感情に全く影響を受けない状態の時にのみ、ストライクの練習に参加する。

◎ストライカーは、レシーバーが身体的心理的にストライクの練習の準備がされていることを確認する。

◎ストライカーは自身の内部状況が把握できない場合、またバランスの取れたポジティブな心理状態を保てない場合は、即、練習を中止する。

◎ストライカーは、レシーバーが自身に受けた衝撃からの完全な回復方法を知っていることを確認する。

■レシーバーとしての責任

◎レシーバーは自身の健康状態を観察し、練習中に起こりうる状況や懸念についてストライカーに伝える。

◎レシーバーは呼吸や動きを使って衝撃から回復する方法に関して、そのスキル、知識及び経験があるものとし、その責任を持つ。

◎レシーバーは自分の責任の下に、ストライクの練習の終わりには完全な自己回復ができ、及び練習開始と同じレベルの身体的心理的状態で終了できるようにする。

ヴラディミア・ヴァシリエフ　VLADIMIR VASILIEV

ロシア武術システマ創始者であるミカエル・リャブコ（ロシア陸軍特殊部隊大佐）と共にトレーニングを積む。後にカナダに移住し、国外初のスクールを設立。以来 40 カ国 300 以上のスクールで指導やインストラクター認定を行い、受賞トレーニングフィルムも多数作成。ロシア政府から「栄誉勲章」「忠勇勲章」など数々の勲章を授与される。現在、トロントのシステマ本部、世界各地のセミナーやキャンプ、ビデオプログラムを通じてトレーニングを提供している。共著書に『秘伝・ロシア式呼吸法の達人たち (Let Every Breath...)』（システマジャパン）がある。

スコット・メレディス　SCOTT MEREDITH

長い武術歴を有し、ヴラディミア・ヴァシリエフよりシステマインストラクターの公認を受ける。マサチューセッツ工科大学の博士号を有し、IBM 社、アップル社、マイクロソフト社にヒューマン・マシン・インターフェース技術のシニア研究員として 30 年程勤務。日本、中国の言語・文化に精通し、世界中の武術家、格闘家とのトレーニング経験も豊富に持つ。主な著書に『太極拳パワー』『太極拳「掤勁」養成法』『形意拳に学ぶ 最速! 内部エネルギー発生法』（いずれも BAB ジャパン）など。

訳者◎大谷桂子　KEIKO OTANI

◎本書は、英語版書籍『STRIKES ― SOUL MEETS BODY』（VLADIMIR VASILIEV & SCOTT MEREDITH著）を翻訳のうえ、再構成したものです。

特別協力●大西亮一（システマジャパン＆システマ大阪）
本文デザイン●和泉仁
装丁デザイン●梅村昇史

ロシア武術――自他を守り、心身を開発する打撃アート

システマを極めるストライク！

ストライカーとレシーバーのSETワークで学ぶ

2016年3月10日　初版第1刷発行
2020年2月20日　初版第2刷発行

著　者　ヴラディミア・ヴァシリエフ
　　　　スコット・メレディス
訳　者　大谷桂子
発行者　東口敏郎
発行所　株式会社BABジャパン
　　　　〒151-0073 東京都渋谷区笹塚1-30-11 中村ビル
　　　　TEL　03-3469-0135　　FAX　03-3469-0162
　　　　URL　http://www.bab.co.jp/
　　　　E-mail　shop@bab.co.jp
　　　　郵便振替 00140-7-116767
印刷・製本　株式会社暁印刷

ISBN978-4-86220-967-2 C2075